AF389795

MICHEL BECKER

Professeur de langues vivantes
à l'Ecole Alsacienne

E. GROSJEAN-MAUPIN

Ancien élève
de l'Ecole Normale supérieure
Professeur agrégé de l'Université

Cours Elémentaire Pratique d'ESPERANTO

D'APRÈS LA MÉTHODE DIRECTE COMBINÉE

*Conforme aux programmes officiels
de l'Enseignement des langues vivantes*

PARIS

LIBRAIRIE HACHETTE ET Cⁱᵉ

79, BOULEVARD SAINT-GERMAIN, 79

1909

MICHEL BECKER

Professeur de langues vivantes
à l'Ecole Alsacienne

E. GROSJEAN-MAUPIN

Ancien élève
de l'Ecole Normale supérieure
Professeur agrégé de l'Université

Cours Élémentaire Pratique d'ESPERANTO

D'APRÈS LA MÉTHODE DIRECTE COMBINÉE

*Conforme aux programmes officiels
de l'Enseignement des langues vivantes*

PARIS

LIBRAIRIE HACHETTE ET Cie

79, BOULEVARD SAINT-GERMAIN, 79

1909

PRÉFACE

———

La langue internationale Esperanto a pris, depuis quelque temps, une extension considérable. Enseignée dans des cours nombreux et dans beaucoup d'écoles, elle est parlée aujourd'hui dans le monde entier, par des centaines de milliers d'adeptes. C'est donc une langue vivante et bien vivante. Aussi le présent « Cours élémentaire pratique » a-t-il été conçu et rédigé dans l'esprit de l'instruction ministérielle du 31 Mai 1902, relatif à l'enseignement des langues vivantes par la méthode directe.

Ce cours s'adresse non seulement aux élèves des écoles en général et des cours publics, mais aussi à tous ceux qui veulent ou doivent étudier sans maître.

Il se compose de quarante leçons comprenant chacune :

1° un texte facile suivi d'un questionnaire ;

2° une leçon pratique de grammaire et de lexicologie ;

3° des exercices oraux ou écrits sur la formation des mots, des versions et des thèmes d'application et de mutation ;

4° de nombreuses séries de phrases usuelles ;

5° un double vocabulaire.

Les textes traitent de sujets pratiques et usuels : l'école et le travail, la maison et la famille, l'homme et ses besoins corporels, le temps, la température et les saisons, la ville, la campagne, les trois règnes de la nature.

Rédigés sous forme de leçons de choses, ces textes peuvent servir de sujets de lecture, d'étude du vocabulaire, et de conversation. Ils se prêtent aussi et surtout à l'enseignement par la méthode directe. Ce sont des leçons pratiques et faciles que le professeur peut prendre comme sujets de leçons de choses, pour les reprendre ensuite comme exercices de lecture et de langage.

Les questionnaires qui suivent ces textes n'ont pas la prétention de se substituer à l'initiative du professeur qui, tout en faisant sa leçon orale, trouvera sans doute de multiples occasions de poser à ses élèves de nombreuses questions, pour s'assurer s'il est compris ; ils s'adressent surtout aux élèves. Nous avons pensé que pour les intéresser davantage, pour les stimuler et rendre l'enseignement plus attrayant et plus vivant, il faut les amener à converser entre eux sur un sujet connu et sous la direction du professeur. Or l'expérience a démontré que, pour ce genre d'exercices, précieux dans l'enseignement des langues vivantes, les questionnaires sont un auxiliaire sinon indispensable, du moins utile et efficace, à la condition que les réponses soient toujours données par phrases complètes, comme nous l'indiquons dans les deux premières leçons.

Les explications grammaticales et lexicologiques, courtes et pratiques, s'appuient toutes sur un exemple type pris dans les textes. Les exercices, dont elles sont suivies, contribueront efficacement à familiariser l'élève avec le mécanisme de la langue.

Le vocabulaire esperanto-français, présenté par leçons, permettra, après chaque étape, de faire une révision rapide des termes nouveaux qui y figurent.

En terminant, nous adressons un cordial remercîment à nos Editeurs pour le soin qu'ils ont pris de faire de ce Cours un livre d'aspect agréable et attrayant. Puisse-t-il trouver un accueil favorable et contribuer dans une large mesure à la diffusion de plus en plus grande de cette langue d'une simplicité géniale, créée par le Dr Zamenhof et destinée à rendre les plus grands services aux relations internationales et au progrès de la civilisation.

LES AUTEURS.

PRONONCIATION ET ACCENTUATION

En esperanto toutes les lettres se prononcent et gardent toujours leur son alphabétique.

VOYELLES

Les voyelles *a*, *i* et *o* se prononcent comme en français ; *e* se prononce comme *é* dans *été* et *u* comme *ou* dans *mou*.

Deux voyelles qui se suivent se prononcent séparément. Ainsi : *ae* = *a-é* ; *ei* = *é-i* ; *oe* = *o-é* ; *oi* = *o-i* ; *ue* = *ou-é* ; *ui* = *ou-i*.

CONSONNES

Les consonnes : *b*, *d*, *f*, *k*, *l*, *m*, *n*, *p*, *r*, *t*, *v*, *z* se prononcent comme en français.

c se prononce comme *ts* dans *tsar*.

g a toujours le son du *g* dans *gant*.

h est fortement aspiré, plus fortement que dans le mot *hameau*.

j se prononce comme *y* dans *Bayonne*.

s a toujours le son sifflant dur de l's français dans *sourd*.

m et **n** ne forment jamais un son nasal avec les voyelles qui les précèdent. Donc : **am** = *amm* ; **en** = *enn* ; **in** = *inn* ; **on** = *onn* ; **un** = *ounn*.

gn se prononcent comme dans le mot français *stagnant*.

ĉ se prononce comme *tch* dans *tchèque*.

ĝ se prononce comme *dj* dans *adjudant*.

ĵ correspond au *j* français dans *jour*.

ŝ se prononce comme *ch* dans *cher*.

ĥ, d'un usage très restreint, est très fortement aspiré et guttural comme le *ch* allemand dans *ach*.

DIPHTONGUES

aj se prononce *ail* comme dans *travail*.

ej se prononce *eil* comme dans *pareil*.

oj se prononce *oy* comme dans *boyard*.

uj se prononce *oui* comme dans *houille*.

aŭ se prononce *aou* comme dans *miaou*.

ACCENT TONIQUE

L'accent tonique porte invariablement sur l'avant-dernière syllabe.

PREMIÈRE LEÇON

Le nom et l'article.

Kio kaj kie estas la objektoj.

I

tio, *cela*	**ankaŭ**, *aussi*
kaj, *et*	**antaŭ**, *devant*
kun, *avec*	**post**, *derrière*
sur, *sur*	**en**, *en, dans*.

La tablo. La seĝo. Tio estas tablo. Tio estas seĝo. La tablo estas meblo. La seĝo estas ankaŭ meblo. Tio estas liniilo, kaj tio estas krajono.

La liniilo estas objekto, kaj la krajono estas ankaŭ objekto. Tio estas plumo, kaj tio estas plumingo. La plumo estas objekto, kaj la plumingo estas ankaŭ objekto. Tio estas inkujo kun inko, kaj tio ĉi estas papero. La inkujo estas vazo. La inko estas materio, kaj la papero estas ankaŭ materio. Tio estas kreto. La kreto estas ŝtono, kaj la ŝtono estas materio.

La liniilo estas sur la tablo. La inko estas en la inkujo. La inkujo kun la inko estas sur la tablo. La seĝo estas antaŭ la tablo, kaj la tablo estas post la seĝo. La plumo kun la plumingo, la krajono kaj la papero estas sur la tablo. La kreto estas ankaŭ sur la tablo.

II

ne, *non, ne pas*	**kio**, *quoi, qu'est-ce que*
ĉu, *est-ce que*	**kie**, *où*
tio ĉi, *ceci*	**jes**, *oui*.

Ĉu tio estas plumingo? Jes, sinjoro, tio estas plumingo. Ĉu tio estas inkujo? Jes, sinjoro, tio estas inkujo. Ĉu tio estas la seĝo? Ne, sinjoro, tio ne estas la seĝo, tio estas la tablo. Ĉu la liniilo estas meblo? Ne, sinjoro, la liniilo ne estas meblo, la liniilo estas objekto.

Kio estas tio ĉi? Tio estas papero. Kio estas tio ĉi? Tio estas kreto. Kio estas tio? Tio estas la inkujo. Kio estas la tablo? La tablo estas meblo. Kio estas la inko? La inko estas materio. Kio estas la krajono? La krajono estas objekto.

Kie estas la inkujo? La inkujo estas sur la tablo. Kie estas la inko? La inko estas en la inkujo. Kie estas la seĝo? La seĝo estas antaŭ la tablo. Kio estas post la seĝo? La tablo estas post la seĝo. Kie estas la krajono kaj la plumingo? La krajono kaj la plumingo estas sur la tablo. Ĉu la inkujo estas en la tablo? Ne, la inkujo ne estas en la tablo, la inkujo estas sur la tablo.

GRAMMAIRE

La tabl**o**.   **La** krajon**o**.   **La** inkuj**o**.

— Le nom est caractérisé par la lettre finale **o**.

— L'article défini (*le, la, l', les*) est en esperanto invariablement **la**.

Tio estas inkujo (*...un encrier.*) Tio estas seĝo (*...une chaise.*) Tio estas papero (*...du papier.*) Tio estas kreto (*...de la craie.*) Tio estas inko (*...de l'encre.*)

— Les articles indéfini et partitif (*un, une, du, de la, de l', des*) n'existent pas en esperanto et par conséquent ne se traduisent pas.

Exercices oraux ou écrits.

THÈME

La règle et le crayon. Sur la table. Avec une plume. Devant la chaise. Du papier et de l'encre. Dans l'encrier. Avec de la craie. Sur la table il y a *(estas)* du papier, une plume et un encrier. Qu'est-ce que le porte-plume ? Est-ce que le papier n'est pas un objet ? Non, monsieur, le papier n'est pas un objet, le papier est une matière. La table n'est-elle pas un meuble ? Oui, monsieur, la table est un meuble. Qu'est-ce qu'il y a sur la table ? Y a-t-il un encrier sur la chaise ? Où est la règle ? La règle et le crayon sont sur la table. La chaise est-elle devant ou derrière la table ? Y a-t-il de l'encre dans l'encrier ? Non, il n'y a pas d'encre dans l'encrier. Qu'est-ce que ceci ? Qu'est-ce que cela ? Où est la craie ? Qu'y a-t-il dans l'encrier ? Qu'est-ce que l'encrier ? La craie n'est pas un objet ; la craie est une pierre, une matière.

DEUXIÈME LEÇON

L'adjectif.

Kiel estas la objektoj.

I

tiu, *ce, cette*	**sed**, *mais*
aŭ. *ou*	**ĝi**, *il, elle, cela.*

Tiu tablo estas longa ; ĝi estas ankaŭ larĝa. Tiu tablo ne estas ronda, ĝi estas kvadrata. La tablo estas ankaŭ alta. La seĝo ne estas alta, ĝi estas malalta. Tiu seĝo estas nova, sed tiu tablo ne estas nova, ĝi estas malnova. Tiu malnova tablo ne estas bela ; ĝi estas malbela sed utila.

Tiu liniilo estas longa kaj rekta ; ĝi ne estas ronda sed kvadrata. Tiu krajono ne estas longa, sed mallonga ; ĝi ne estas kvadrata sed ronda. La krajono estas nigra, blua aŭ ruĝa. Tiu krajono ne estas ruĝa, ĝi estas blua. Tio estas blua krajono.

Tiu plumo estas nova. Tiu nova plumo estas bona. La plumingo ne estas nova, ĝi estas malnova, sed ĝi estas bona. Tiu inkujo ne estas granda ; ĝi estas malgranda. Tio estas malgranda inkujo. La inko estas nigra, sed la papero ne estas nigra, ĝi estas blanka. Estas ankaŭ blua, ruĝa, verda, flava aŭ violkolora papero.

II

kiel, *comment.*

Kiel estas la tablo ? La tablo estas longa, larĝa, plata kaj alta. Ĉu la tablo estas ronda ? Ne, la tablo ne estas ronda, ĝi estas kvadrata. Kiel estas la seĝo ? La seĝo estas nova. Ĉu la nova seĝo estas utila ? Jes, sinjoro, la nova seĝo estas utila, sed la malnova tablo estas ankaŭ utila. Kiel estas la liniilo ? La liniilo estas longa, rekta kaj kvadrata. Kiel estas la krajono ? La krajono estas mallonga, ronda kaj blua. Ĉu la plumo estas malnova ? Ne, sinjoro, la plumo ne estas malnova, ĝi estas nova kaj bona. Ĉu tio estas granda inkujo ? Ne, sinjoro, tio ne estas granda inkujo, tio estas malgranda inkujo. Kiel estas la papero, kaj kiel estas la inko ? La papero estas blanka, kaj la inko estas nigra.

GRAMMAIRE

La tablo estas longa, larĝa kaj plata. Ronda tablo.

— L'adjectif qualicatif est caractérisé par la lettre finale **a**, sans différence entre le masculin et le féminin.

— Quand il n'est pas séparé du substantif par un verbe, l'adjectif se place généralement devant le substantif.

— *Tiu* est adjectif et pronom démonstratif (*ce, cel, celle, celui, celle*) ; il ajoute *ĉi* pour marquer que la personne ou la chose est voisine : tiu ĉi, *ce...ci, celle...ci*, etc.

LEXICOLOGIE

Granda, *grand* ; **mal**granda, *petit*.

— Le préfixe **mal** sert à marquer le contraire.

Exercices oraux ou écrits.

Formez les contraires des mots suivants et employez-les dans de petites phrases :

Bona — firma — larĝa — longa — rekta — utila — dika — mola — seka — amiko — dekstre — supre — bela — peza — alta.

THÈME

Une table ronde. Un encrier neuf. Ce vieux crayon. Cette belle chaise. Un grand porte-plume. De la craie blanche. Sur du papier vert. Avec un crayon rouge. Ceci n'est pas de l'encre noire ; c'est de l'encre violette. Dans un grand encrier neuf. Cette craie-ci n'est pas bonne ; elle est trop dure. Ce papier n'est pas bleu ; il est vert. Où est le papier blanc ? Est-ce que cette chaise est neuve ou vieille ? Cette vieille table n'est pas un meuble inutile. Une vieille plume n'est pas un objet utile. Cette plume est-elle bonne ou mauvaise ? Est-ce que cette règle est longue ou courte ? Est-elle droite ou pas droite ? Elle est longue et droite, belle et bonne.

Voilà (*tio estas*) une plume neuve. Elle n'est pas bonne ; elle est trop molle. Ce porte-plume neuf n'est pas beau ; il est laid, mais il n'est pas mauvais. Cette règle est grosse, mais ce crayon n'est pas gros ; il est mince. Est-ce que cette chaise n'est pas solide ? La craie est une matière blanche, sèche et dure. Un crayon est un objet utile. Cet encrier n'est pas laid, mais il est trop grand et trop lourd. Une plume n'est pas lourde ; elle est légère. Le papier est mince et léger.

TROISIÈME LEÇON

Signe du pluriel.

La lernejoĉambro.

I

unu, *un*	**jen**, *voilà, voici, là*
du, *deux*	**supre**, *en haut*
oni, *on*	**ĉiam**, *toujours*
apud, *à côté de*	**tie**, *là*
tra, *à travers*	**tre**, *très*.

Tiu ĉambro estas granda kaj bela; ĝi estas tre alta kaj tre bela. Tio estas bela ĉambro. Supre estas la plafono, kaj malsupre la planko. Jen tie ĉi muro kaj jen tie fenestro. En la muroj estas unu pordo kaj du fenestroj. La plafono estas blanka, kaj la muroj estas grizaj. La planko devas ĉiam esti pura.

Jen la pordo; ĝi estas alta, larĝa kaj firma. Tio ĉi estas la seruro kun la ŝlosilo. La seruro kaj la ŝlosilo estas ankaŭ firmaj. La fenestroj estas grandaj. Tio estas la kadro, kaj tio estas vitraĵo. Oni vidas (*voit*) tra la vitraĵoj. La vitraĵoj estas travideblaj aŭ diafanaj.

Tio ĉi estas la nigra tabulo. Estas du nigraj tabuloj en tiu ĉambro. La kreto kaj la spongo estas en la skatolo apud la nigra tabulo. La spongo estas mola kaj flava. La kreto estas malmola kaj blanka.

II

je, *à (voir grammaire p. 9)*   **tri**, *trois*
ili, *ils, elles*   **iom**, *un peu*
nur, *seulement*   **multe da**, *beaucoup de.*

Jen tie ĉi landkarto, kaj jen bela bildo. Estas multe da landkartoj kaj bildoj en tiu ĉambro. Tiuj landkartoj kaj tiuj bildoj estas kroĉitaj je la muroj. Tio ĉi estas lampo kun lumŝirmilo. Estas tri lampoj en la ĉambro. Ili ne estas gasaj lampoj, ili estas elektraj lampoj. La elektraj lampoj lumigas (*éclairent*) tre bone.

Tio ĉi estas benko, kaj tio estas tablo. La benkoj kaj la tabloj estas sur la planko. La lernantoj sidas (*sont assis*) sur la benkoj. La tabloj estas iom deklivaj. Inkujoj estas fiksitaj en la tabloj. Tri inkujoj estas fiksitaj en tiu granda tablo, kaj nur unu inkujo estas fiksita en tiu malgranda tablo.

QUESTIONNAIRE

kie, *où ?*
kiu, *qui, quel, lequel ?*
kiom da, *combien de ?*
kia, *quel, de quelle espèce, de quelle façon.*

1. Kiel (*ou :* kia) estas tiu ĉambro? — 2. Kie estas la plafono? — 3. Kio estas malsupre? — 4. Kio estas je la muroj? — 5. Kiel (*ou :* kia) devas ĉiam esti la planko? — 6. Ĉu estas seruro je la pordo? — 7. Ĉu la ŝlosilo estas en la seruro? — 8. Kiuj estas la partoj de la fenestro? — 9. Kiel (*ou :* kiaj) estas la vitraĵoj? — 10. Kiel (*ou :* kiaj) estas la nigraj tabuloj? — 11. Kie estas la kreto kaj la spongo? — 12. Kio estas ankaŭ kroĉita je la muro? — 13. Kiom da lampoj estas en tiu ĉambro? — 14. Ĉu ili estas elektraj aŭ gasaj lampoj? — 15. Kie estas la benkoj kaj la tabloj? — 16. Ĉu la inkujoj estas sur la tabloj? — 17. Kiom da inkujoj estas en tiu ĉi granda tablo?

GRAMMAIRE

Tiuj nigraj tabuloj estas kroĉitaj je la muroj.

— L'adjectif, le pronom et le participe s'accordent en nombre avec le substantif.

— Le pluriel est marqué par un j qui ne déplace pas l'accent et se prononce comme un i bref. (Voir prononciation p. VIII.)

— La préposition je n'a pas de sens fixe, c'est une sorte de passe-partout qu'on emploie quand aucune autre préposition ne rend exactement l'idée qu'on veut exprimer.

Exercices oraux ou écrits.

Mettez au pluriel :

La nova inkujo estas bela. Sur la ronda tablo estas ruĝa kaj blua krajono. Tiu nova seĝo ne estas tre bela. Malnova plumo ne estas ĉiam malutila objekto. Tiu malgranda ĉambro estas tre hela. Ĉu la plafono de tiu ĉambro ne estas tre alta? Kie estas la ŝlosilo de tiu pordo? La skatolo estas plena je kreto. Tiu granda inkujo estas peza. Tiu gasa lampo estas malnova. Tiu benko ne estas alta, ĝi estas tre malalta. La landkarto estas nova kaj bela. Ĉu tiu fenestro estas granda aŭ malgranda?

Mettez au singulier :

Tiuj fenestroj ne estas larĝaj ; ili estas ankaŭ tre malaltaj. La plafonoj de tiuj ĉambroj ne estas altaj. Tiuj krajonoj estas ruĝaj ; kie estas la bluaj krajonoj? La pordoj ne estas travideblaj, sed la vitraĵoj estas travideblaj. La nigraj tabuloj estas kvadrataj. Ĉu la muroj de tiuj ĉambroj estas tre dikaj? Tiuj novaj plumingoj estas tre helaj kaj tre bonaj.

Kie estas la malnovaj liniiloj kaj la novaj krajonoj?
Ili estas sur la tabloj antaŭ la benkoj. Ĉu estas
elektraj lampoj en tiuj lernejoĉambroj? Ne, sin-
joroj, estas gasaj lampoj. Ĉu la lampoj estas kroĉ-
itaj je la muroj aŭ je la plafonoj?

THÈME

Les bancs sont-ils longs ou courts? Les portes
sont-elles larges ou étroites? Ces chambres sont-
elles grandes ou petites? Les fenêtres ne sont pas
hautes, elles sont basses. Dans ces grandes chambres
il y a des bancs et des chaises. Les élèves sont
assis sur les bancs derrière les tables. Qui est
assis dans la chaire? Les tableaux noirs sont
accrochés aux murs. Dans une boîte à côté des
tableaux noirs il y a de la craie et une éponge. La
craie est dure et blanche. Les éponges ne sont
pas dures, elles sont molles. Cette craie est humide,
elle n'est pas bonne. Aux murs sont accrochées
des cartes géographiques et des images. Ces cartes
sont très belles. Trois lampes électriques éclairent
cette chambre. Elles sont accrochées au plafond.

Phrases usuelles.

Bonjour, monsieur, madame.	*Bonan tagon, sinjoro, sinjorino.*
Bonsoir, mademoiselle, mon cher ami.	*Bonan vesperon, fraŭlino, mia kara amiko.*
Comment vous portez-vous?	*Kiel vi fartas?*
Très bien; et vous?	*Tre bone; kaj vi?*
Je suis très content de vous voir.	*Mi estas tre kontenta vidi vin.*

QUATRIÈME LEÇON

Présent et impératif. — Accusatif.

La libro.

ĉiu, *chaque, tout*   ke, *que (conjonction)*
mi, *je*   nun, *maintenant.*

Tio estas nova libro. Mi montras la novan libron. Tiu nova libro estas sur la katedro. Mi prenas tiun novan libron. Tio estas la dorso de la libro, kaj tio ĉi estas la tranĉaĵo. Tiu libro havas dorson kaj tranĉaĵon. Tio estas esperanta libro. Mi fermas tiun esperantan libron, kaj nun mi malfermas ĝin. Tio estas unu folio. Tiu libro havas multe da folioj (*aŭ :* multajn foliojn). Mi folias la libron. Tio estas unu paĝo. La folio havas du paĝojn. Supre de la paĝo estas numero. Mi vidas la numeron. « Libro » estas vorto. « Tio » estas ankaŭ vorto. Sur la paĝo estas multaj vortoj. Mi silabas la vorton « libro » (lo, i, bo, ro, o). « Li » estas silabo. La vorto « libro » havas du silabojn. Mi akcentas aŭ plilaŭtigas la silabon « li ». En Esperanto oni ĉiam akcentas la antaŭlastan silabon. « L (lo) » estas litero ; ĝi estas konsonanto. « I » estas ankaŭ litero, sed ne estas konsonanto, ĝi estas vokalo. La vorto « libro » havas du vokalojn kaj tri konsonantojn ; ĝi havas kvin literojn. Tio estas linio. Mi montras unu linion. Estas multe da linioj (*aŭ :* multaj linioj) sur tiu paĝo. Multaj linioj formas unu paragrafon. Mi legas unu paragrafon.

Nun, Henriko, legu ankaŭ tiun paragrafon; el-
parolu bone ĉiujn literojn, kaj ne forgesu, ke la
akcento estas ĉiam sur la antaŭlasta silabo de la
vorto.

QUESTIONNAIRE

1. Kia libro estas tio? — 2. Ĉu vi komprenas la paragrafon,
kiun vi legis? — 3. Kiom da frazoj havas tiu paragrafo? —
4. Silabu la vorton *esperanto*. — 5. Kiom da vokaloj havas tiu
vorto? — 6. Kiuj estas la vokaloj? — 7. Kiuj estas la konso-
nantoj? — 8. Kiun silabon oni devas plilaŭtigi? — 9. Kiom da
paĝoj havas la folio? — 10. Kiom da paĝoj havas tiu libro?

GRAMMAIRE

Mi montras. La libro havas. Multaj linioj formas.

— Le présent des verbes est caractérisé par la désinence **as**
pour toutes les personnes du singulier et du pluriel.

Prenu, montru, legu.

— L'impératif est caractérisé par la désinence **u**.

Tio estas nova libro. Mi montras la novan libron.

— L'accusatif est caractérisé par la lettre **n**. L'accusatif est
le cas du complément direct du verbe. Il répond à la question
qui, quoi faite après le verbe.

Exemple : Il montre le livre. QUESTION : Il montre *quoi?*
RÉPONSE : le livre. Dans cette phrase « *le livre* » est le complé-
ment direct et se met à l'accusatif : la libron.

Exercices oraux ou écrits.

VERSION

La lernantoj salutas la instruiston. La instruisto
instruas la lernantojn. Karolo forgesas lerni la lecio-
non. Donu tiujn plumojn kaj tiujn krajonojn al la

bonaj lernantoj. Metu la seĝon antaŭ aŭ post la tablo. Tiuj lernantoj elparolas bone la literojn, la silabojn kaj la vortojn. Ĉu vi komprenas ĉiujn vortojn de tiuj frazoj? Prenu la spongon kaj la kreton. Nun lernu la lecionojn kaj poste faru la taskojn.

THÈME

Prenez tous les livres. Ouvrez les livres. Apprenez les leçons. Faites maintenant les devoirs. Ecrivez les phrases suivantes. Fermez la porte et les fenêtres. Comprenez-vous ce mot? Le maître donne aux élèves du papier, des plumes et de l'encre. J'apprends l'esperanto. Les élèves ne parlent pas encore l'esperanto. Nous (*ni*) avons un bon maître. Il (*li*) parle toujours esperanto. Il ne comprend pas les mots. Les lampes éclairent la salle. En Esperanto on accentue toujours l'avant-dernière syllabe. Montrez le tableau noir. Accrochez cette image au mur. Nous avons de belles cartes géographiques neuves dans l'école. Combien de livres avez-vous? Quels (*kiaj*) livres avez-vous? Quels (*kiuj*) sont les élèves qui (*kiuj*) apprennent l'esperanto?

Phrases usuelles.

Je ne vous ai pas vu la semaine dernière.	*Mi ne vidis vin la lastan semajnon.*
J'espère vous voir la semaine prochaine.	*Mi esperas vidi vin la proksiman semajnon.*
Voulez-vous parler esperanto?	*Ĉu vi volas paroli esperante?*
Mé comprenez-vous?	*Ĉu vi komprenas min?*
Que signifie le mot... ?	*Kion signifas la vorto... ?*
Comment traduisez-vous le mot... ?	*Kiel vi tradukas la vorton... ?*

L'infinitif.

· Tio, kion bezonas la lernanto.

al, *à*   alia, *autre*
li, *il*   krom, *hormis*
plie, *en outre*   sen, *sans*
por, *pour*   dum, *pendant*
ĉio, *tout*   tio(n), kion, *ce que*.

La lernanto bezonas librojn por legi kaj por lerni la lecionojn. Li bezonas kajeron, plumon kaj inkon por skribi la taskojn, liniilon, ortilon kaj krajonon por desegni. Li bezonas ankaŭ gumon por forskrapi, kaj tranĉileton por tranĉi la krajonon. Sen krajono aŭ sen plumo kaj inko oni ne povas skribi. Li bezonas krom tio sakon aŭ paperujon por porti la librojn, la kajerojn kaj ĉiujn aliajn lernejajn objektojn.

Sed tio ne estas ĉio. Li bezonas ankoraŭ, kaj precipe, du bonajn orelojn por aŭdi kaj por aŭskulti la klarigojn de la profesoro, plie du bonajn okulojn por vidi tion, kion la profesoro skribas sur la nigran tabulon, unu langon por paroli, por diri la lecionojn kaj respondi al la demandoj de la profesoro, sed ne por babili kun najbaroj dum la kurso. Sen okuloj oni ne povas vidi. Sen atento oni ne povas progresi.

QUESTIONNAIRE

Per, *au moyen de, avec*.

1. Kion bezonas la lernanto por lerni la lecionojn? — 2. Kion li bezonas por skribi la taskojn? — 3. Por kio li bezonas lini-ilon, ortilon kaj krajonon? — 4. Kion li faras per la gumo? — 5. Por kio li havas tranĉileton? — 6. Ĉu oni povas skribi sen krajono kaj sen plumo? — 7. Kion portas la lernanto en sako aŭ en paperujo? — 8. Por kio li bezonas du bonajn orelojn? — 9. Por kio li bezonas du bonajn okulojn? — 10. Ĉu li havas langon por babili kun najbaroj? — 11. Sen kio oni ne povas vidi? — 12. Sen kio oni ne povas progresi?

GRAMMAIRE

Mi bezonas librojn por legi kaj lerni.

— L'infinitif du verbe est caractérisé par la lettre finale i.

— Les prépositions *à* et *de* qui accompagnent l'infinitif français ne se traduisent pas en esperanto.

Exemple : Je commence à lire, *mi komencas legi*. Le maître permet de parler, *la instruisto permesas paroli*.

— *Tio, kio* — ce qui ; *tio, kion, tion, kion* = ce que.

LEXICOLOGIE

La inko estas en la inkujo. La papero estas en la paperujo. Jen plumo kaj plumingo.

— Le suffixe **uj** indique la chose qui contient, qui porte. Ainsi *la inkujo* est la chose qui contient *la inko*. *La paperujo* est la chose qui contient, dans laquelle on porte *la papero*. Ce suffixe sert en particulier à former les noms d'arbres et de pays. *La pomujo*, le pommier ; *Francujo*, la France ; *Anglujo*, l'Angleterre ; *Germanujo*, l'Allemagne.

— Le suffixe **ing** désigne l'objet dans lequel s'introduit un autre objet. *La plumingo*, le porte-plume ; *la fingringo*, le dé à coudre.

REMARQUE. — Pour bien comprendre la différence entre **uj** et **ing**, comparez *plumujo*, plumier et *plumingo*, porte-plume.

Exercices oraux ou écrits.

Formez avec les mots suivants des dérivés en **uj** et **ing** et employez-les dans de petites phrases :

Sukero — cigaro — supo — piro — mono — fingro — kandelo — bombono — cigaredo — pipro pruno — persiko — Italo — Aŭstro — Ruso — Hispano.

THÈME

Qu'est-ce qu'il y a dans ce sac ? Que portez-vous dans cette serviette ? Avez-vous tout ce qu'il vous faut pour écrire ? Oui, monsieur, et j'ai aussi tout ce qu'il faut pour dessiner. Dites-moi ce que vous voyez ? Entendez-vous ce que je dis ? Je ne vois pas ce que vous faites. Prenez ces livres pour lire. Est-ce que vous n'avez pas de gomme pour effacer ces lignes ? Prenez un canif pour tailler votre crayon. Combien de professeurs avez-vous ? Qu'est-ce que les élèves ne doivent pas faire pendant le cours ? Est-ce que vous pouvez lire ce que le professeur écrit au tableau noir ? Les élèves répondent aux questions du maître. Il n'y a plus de sucre dans le sucrier. Combien d'argent avez-vous dans votre porte-monnaie ? Y a-t-il beaucoup de prunes sur les pruniers ? Avez-vous vu [l'] Angleterre ? Non, mais j'ai vu [l'] Italie. Mon voisin est Suisse, mais il n'habite pas en Suisse.

Phrases usuelles.

Veuillez répéter.	*Bonvolu ripeti.*
Que voulez-vous dire ?	*Kion vi volas diri ?*
De quoi a-t-on parlé ?	*Pri kio oni parolis ?*

SIXIÈME LEÇON

Le passé.

El kio kaj de kiu la objektoj estas faritaj.

ĉe, *chez, à*   el, *de* (matière,
de, *par*   origine).

La tablo kaj la seĝo estas el ligno. La lignaĵisto faris la tablon kaj la seĝon. La krajono enhavas bastoneton el grafito kaj ŝelon el ligno. La plumingo estas el ligno, el eburo aŭ el metalo. La tranĉilo havas klingon kaj tenilon. La klingo de la tranĉilo estas el ŝtalo, kaj la tenilo estas el korno, el ligno aŭ el perlamoto. La tranĉilfaristo faris la tranĉilon kaj la tranĉileton.

La pordo estas el ligno; la seruro, la ŝlosilo kaj la pordhokoj estas el fero. La lignaĵisto faris la seruron, la ŝlosilon kaj la pordhokojn. La inkujo kaj la vitraĵoj estas el vitro. La vitraĵisto almetis la vitraĵojn.

La folioj de la libro estas el blanka papero. La dorso de la libro estas el ledo aŭ el tolo; la platoj estas el kartono. La aŭtoro verkis la libron, la eldonisto eldonis ĝin, la presisto presis ĝin, la bindisto broŝuris aŭ bindis ĝin, la libristo vendis ĝin, kaj mi aĉetis ĝin ĉe la libristo.

QUESTIONNAIRE

1. El kio estas faritaj la tablo kaj la seĝo? — 2. Kiu faris la tablon? — 3. De kiu estis farita la seĝo? — 4. Kiuj estas la partoj de krajono? — 5. Ĉu tiu ĉi plumingo estas el ligno aŭ el metalo? — 6. Kiuj estas la partoj de la tranĉilo? — 7. El kio estas farita

la klingo de la trančilo? — 8. Ĉu la tenilo estas ankaŭ el ŝtalo? — 9. Kiu faris la trančilon? — 10. De kiu estis farita la trančileto? — 11. Ĉu la seruro estas el ligno aŭ el fero? — 12. Kiu faris la seruron? *aŭ:* de kiu estis farita la seruro? — 13. Kion faris ankaŭ la seruristo? — 14. Kio estas el vitro? — 15. El kio estas la folietoj de tiu ĉi libro? — 16. Ĉu la dorso de la libro estas ankaŭ el papero? — 17. Kio estas el kartono? — 18. Kiu verkis la libron? *aŭ:* de kiu estis verkita la libro?

GRAMMAIRE

La lignaĵisto far**is** la tablon, *Le menuisier a fait la table.*

— Le passé du verbe est caractérisé par la désinence **is**. Ainsi, je donnais se dit *mi donis;* il vint, *li venis;* vous avez appris. *vi lernis :* je suis tombé, *mi falis.*

LEXICOLOGIE

La vitr**aĵo**, la ten**ilo**, la serur**isto.**

— Le suffixe **aj** signifie chose ; il désigne un objet matériel, une chose caractérisée par la qualité que marque la racine. Ainsi : *vitraĵo*, une chose en verre, une vitre ; *tranĉaĵo*, une chose tranchée, une tranche.

— Le suffixe **il** signifie instrument, outil. Ainsi *la tranĉilo* est l'instrument qui sert à *trancher*, à *couper*, le couteau: *la liniilo* est l'instrument qui sert à faire des *lignes*, la règle.

Le suffixe **ist** marque la profession, le métier. Ainsi *la seruristo* est l'homme qui fait les *serrures*, le serrurier ; *la libristo* est l'homme qui s'occupe de vendre des *livres*, le libraire.

Exercices oraux ou écrits.

io, **ion**, *quelque chose*   **nek**, *ni*

VERSION

La instruisto instruis la lernantojn ; la instruistino instruis la lernantinojn. En la magazenoj mi vidis vendistojn kaj vendistinojn.. Ĉe la modistino

mi vidis nur vendistinojn. En la domoj estis serv-
antoj kaj servantinoj.

La lignaĵisto faris la tablon kaj la pordon; por
fari la tablon, la lignaĵisto segis la lignon per la
segilo, kaj rabotis la lignon per la rabotilo. La
lignaĵisto faris ankaŭ multe da aliaj lignaĵoj.

THÈME

J'ai acheté hier un canif chez le papetier. Le
papetier ne vend pas seulement du papier ; il vend
aussi des plumes, des porte-plumes, des crayons,
des règles, des canifs, des cahiers et de l'encre.
Souvent les libraires sont aussi papetiers. Avec
quels outils le menuisier fait-il la table ? En quoi
est faite la table ? La scie sert au menuisier pour
scier. J'ai besoin d'un bonne plume pour écrire.
En quoi est faite votre règle ? Mon frère a une règle
en verre. Que voit-on dans le magasin du libraire ?
Voit-on des crayons chez le menuisier ? A (*por*)
quoi sert le manche du couteau ? Avez-vous vu
la servante de la modiste ? Le menuisier a scié le
bois. Est-ce que le menuisier a scié le bois ? Le
menuisier a-t-il raboté le bois ? La scie est un
outil qui sert à scier. Est-ce qu'il y a beaucoup de
livres dans le magasin du libraire ? On a besoin
d'une règle pour faire des lignes droites. Le li-
braire a vendu un crayon et un livre au professeur.
Donnez tous les livres au relieur. J'achète chez ce
libraire tous les livres dont (*kiujn*) j'ai besoin.

Pronoms personnels.

La instruisto kaj la lernantoj.

Tial, *c'est pourquoi*   ĉar, *car*

Mi estas la instruisto. Kàrolo, *vi* estas lernanto. *Vi* estas juna, kaj *mi* estas maljuna. *Mi* demandas

vin, kaj *vi* respondas al *mi*. *Mi* rigardas *vin*, kaj *vi* rigardas *min*.

Ludoviko estas ankaŭ lernanto. *Li* ne estas bona lernanto, ĉar *li* estas senzorgema kaj senordema. Demandu *lin*, kie estas lia (*son*) libro, kaj *li* respondas al *vi:* « *Mi* ne scias ». *Mi* ne estas kontenta je *li*, kaj *mi* riproĉas *lin* kaj punas *lin* ofte. Ludovikino

kontraŭe estas ĉiam atenta kaj diligenta ; *ŝi* estas tre **lernema**. Tial *mi* gratulas *ŝin*, kaj mi rekompencas *ŝin*.

Ni estas en la lernejo. *Ni* havas junan profesoron. *Li* instruas al *ni* esperanton. *Li* legas kaj klarigas al *ni* la lecionojn. *Li* kuraĝigas *nin* kaj laŭdas *nin*; *li* riproĉas *nin* kelkafoje, sed punas *nin* malofte. *Li* diras ofte al *ni :* « *Vi* estas bonaj lernantoj. *Vi* laboras bone. *Mi* estas kontenta je *vi*, kaj *mi* rekompencas *vin*.

Paŭlo kaj **Klaŭdo** estas forestantaj. *Ili* estas kredeble malsanaj. *Ni* iras por vidi *ilin* kaj alporti al *ili* la taskojn por morgaŭ.

QUESTIONNAIRE

1. Kiu mi estas ? — 2. Ĉu vi estas juna aŭ maljuna ? — 3. Kiu demandas vin ? — 4. Al kiu vi respondas ? — 5. Kiun vi rigardas ? — 6. Kiu rigardas vin ? — 7. Ĉu Ludoviko estas bona aŭ malbona lernanto ? — 8. Ĉu mi punas lin ofte ? — 9. Kiel estas Ludovikino ? — 10. Ĉu mi punas ŝin ankaŭ ? — 11. Kian profesoron vi havas ? — 12. Kion faras la profesoro ? — 13. Ĉu li kuraĝigas kaj laŭdas vin ? — 14. Ĉu li ne kelkafoje riproĉas vin ? — 15. Kion li diras al vi ofte ? — 16. Kiu estas forestanta ? *aŭ :* Kiu forestas ? — 17. Kial Paŭlo kaj Klaŭdo forestas ? — 18. Kion vi volas fari ?

GRAMMAIRE

Mi rigardas **vin**, kaj **vi** rigardas **min**.

— Les pronoms personnels ajoutent l'**n** de l'accusatif quand ils sont employés comme compléments directs.

— A la 3ᵐᵉ personne du singulier le pronom personnel a trois formes distinctes : *li, ŝi, ĝi.*

— *Li* désigne le sexe masculin. *ŝi* le sexe féminin et *ĝi* les choses ou les êtres dont le sexe n'est pas connu ou n'est pas précisé. Au pluriel on emploie toujours *ili, ilin*.

— *Vi* s'emploie aussi bien pour la deuxième personne du singulier que pour la deuxième personne du pluriel. Il existe cependant la forme **ci**, *tu ;* mais on ne l'emploie guère.

REMARQUE : Ce livre est **à moi, à vous**, etc. se dit : Tiu libro estas **mia, via**, etc. — Je vois moi-même se dit : Mi vidas mem.

LEXICOLOGIE

La lernanto estas zorg**ema** kaj lern**ema**. Paŭlo estas kred**ebl**e malsana.

— Le suffixe **em** marque le penchant à…, l'habitude de… et sert à former des adjectifs. *Zorgema* est formé de *zorgi*, avoir soin de… et indique l'habitude d'avoir soin de…, d'être soigneux ; *lernema* est formé de *lerni*, apprendre et indique l'habitude d'apprendre, d'être appliqué, studieux.

— Le suffixe **ebl** marque la possibilité. Il se joint à un verbe et correspond aux suffixes français : *able, ible*. Ainsi : *Ebla*, possible : *klarigebla*. explicable : *legebla*, lisible.

Exercices oraux ou écrits.

Remplacez les tirets par les pronoms personnels convenables.

Du knaboj, Paŭlo kaj Petro, iris kune al la lernejo. Paŭlo diris : — forgesis mian *(mon)* legolibron ; ĉu — volas pruntedoni al — la vian *(vôtre)*? Petro respondis : — pruntedonis — al mia kuzo Roberto, kaj — ne redonis — ankoraŭ al —. — petis de *(à)* mia fratino Jozefino la ŝian *(sien)* ; sed — bezonas mem — kaj ne povis pruntedoni — al —. Nu, — volas — ŝenkulpigi al la instruisto kaj — ne punos —.

— faris tion. La instruisto diris : — pardonas al —, se — promesas al —, ke — ne plu faros tion. — promesis kaj tenis ilian promeson.

THÈME

Où est le frère de Paul ? Je ne l'ai pas vu. Voilà un livre intéressant : l'avez-vous lu ? Si vous voulez voir les devoirs, je les ai apportés. Montrez-moi les leçons : je vous les expliquerai. Je n'ai pas le canif ; le professeur en (*ĝin*) avait besoin et je le lui ai prêté. Les élèves ne comprenaient pas la leçon ; le maître la leur a expliquée. Ces images sont amusantes ; regardez-les. Si vos sœurs ne sont pas arrivées, attendez-les. Le maître a encouragé l'élève laborieux et l'a récompensé. Quand le maître vous a interrogé, que lui avez-vous répondu ? Le menuisier est arrivé : le saviez-vous ?

Parlez-vous de (*pri*) lui ou de moi ? Je parle de vous et de nous tous. Lui avez-vous donné les livres à elle-même ? Leur écrivez-vous souvent ? Oui, très souvent, mais ils ne répondent pas toujours. Je n'ai que deux mots à leur dire. Si votre sœur n'est pas là, nous irons sans elle ; dites le lui. Le lui avez vous dit vous-même ? Ce papier est lavable. Votre devoir n'est pas lisible.

Phrases usuelles.

S'il vous plaît.	*Mi petas.*
Merci ; je vous remercie beaucoup.	*Danke ; mi tre dankas.*
Pardon.	*Pardonu.*
Avec grand plaisir.	*Kun granda plezuro.*
Au revoir.	*Ĝis revido.*
C'est entendu.	*Konsentite.*
C'est vrai.	*Tio estas vera.*
Vous avez raison, tort.	*Vi estas prava, malprava.*

HUITIÈME LEÇON

Adjectifs possessifs.

Kion la lernantoj havas.

tro, *trop*　　　　　　ol, *que* (dans une
ĉar, *car, parce que*　　comparaison).

Karolo diras : mi havis krajonon. Kie povas esti *mia* krajono? Amiko *mia*, ĉu vi ne vidis *mian* krajonon? Tiu ĉi estas nova, *la mia* estas malnova. Kiu povas havi *la mian*? Tio ne estas *miaj* kajeroj. Mi ne vidas *miajn* kajerojn. Tio estas la kajeroj de Ludoviko. Kie estas *la miaj*? Kiu havas *la miajn*?

La lernantoj diras : ni havas taskon por fari. Ĉu tio estas *nia* tasko? Ne, tio ne estas *la nia*. Ni ne trovas *la nian*. Ni lernu *niajn* lecionojn. Jen *niaj* lecionoj. Ĉu *la niajn* ni lernas? Jes, ni lernas *la niajn*.

Paŭlo, ĉu vi ne havas lecionon? Ĉu tio ne estas *via* leciono? Mi kredas, ke tio estas *via* leciono. Ne vere? tio estas *la via*. Tio ĉi estas *viaj* libroj. Prenu *viajn* librojn, kaj ne la librojn de Karolo. Mi diras al vi : prenu *la viajn*.

Emilo havas novan libron. *Lia* libro estas tre bela. Mi vidis *lian* libron, kaj mi legis ĝin. *La mia* ne estas tre bela, sed ĝi estas interesa. *La lia* ne estas tre interesa, kaj mi preferas *la mian* pli ol *la lian*. Li havas ankaŭ novajn plumojn. *Liaj* plumoj estas oritaj, sed mi ne povas skribi per *liaj* plumoj. Mi preferas *la viajn* pli ol *la liajn*, ĉar *la liaj* estas tro pintaj.

La malgranda Mario estas tre feliĉa. *Ŝia* patrino donacis al ŝi belan pupon. *Ŝia* pupo kuŝas sur la kanapo kun *ŝiaj* aliaj ludiloj. Ŝi admiras *ŝian* pupon, kaj ŝi preferas ĝin pli ol ĉiujn *ŝiajn* aliajn ludilojn.

Alfredo kaj Ernesto havis trançiletojn. Tio ne estas *iliaj* trançiletoj. *La iliaj* estis sur la tablo. Ĉu ili perdis *ŝiajn* trançiletojn? Se ili perdis *la ŝiajn*, pruntedonu al ili *la viajn*.

Ĉu tio ne estas *iliaj* paperujoj? Ne, tio ne estas *la iliaj*. Mi kredas, ke ili lasis *la ŝiajn* sur la korto.

<h2 style="text-align:center">QUESTIONNAIRE</h2>

1. Ĉu vi vidis mian plumingon? — 2. Ĉu vi volas pruntedoni al mi la vian? — 3. Ĉu via amiko alportis sian libron? — 4. Ĉu Alfredo kaj Ernesto trovis siajn trançiletojn? — 5. Kiu forgesis sian libron? — 6. Ĉu vi lernis vian lecionon? — 7. Ĉu ni volas legi nian novan lecionon? — 8. Kiu donacis al Mario ŝian novan pupon? — 9. Kion preferas Mario pli ol ĉiujn siajn aliajn ludilojn? — 10. Kiel estas la plumoj de Emilo? — 11. Kial vi ne povas skribi per liaj plumoj? — 12. Kial vi preferas vian libron ol la libron de Emilo? — 13. Kie Alfredo kaj Ernesto lasis siajn librojn? — 14. Kiu perdis sian trançileton?

<h2 style="text-align:center">GRAMMAIRE</h2>

Tio estas mia libro ; kie estas la via ?

— L'adjectif possessif *mon, ton, son,* etc. se forme du pronom personnel correspondant par l'adjonction de la lettre **a**, caractéristique de l'adjectif.

Il s'accorde en nombre avec le substantif et prend l'*n* de l'accusatif quand il est joint à un complément direct.

— Le pronom possessif *le mien*, *le tien*, etc. s'obtient en faisant précéder l'adjectif possessif de l'article. Il suit les mêmes règles que l'adjectif possessif.

La lernanto bezonas libroju por lerni **siajn** lecionojn. Alfredo perdis **sian** trançileton. Alfredo kaj Ernesto perdis **siajn** trançiletojn.

— *Son*, *sa*, *leur*, ne se traduisent pas toujours par *lia*, *ŝia*, *ĝia*, *ilia*. Quand ils se trouvent devant un complément qui désigne une personne ou une chose *possédée par le sujet*, il faut les traduire toujours par **sia**, qui s'emploie pour tous les genres. *Sia* ne peut donc jamais se trouver devant le sujet.

Mario estas feliĉa; **ŝia** patrino donacis al ŝi pupon.

— En français *son*, *sa*, *ses* s'emploie aussi bien quand le possesseur est féminin que quand il est masculin.

En esperanto la forme de l'adjectif possessif change selon que le possesseur est masculin (*lia*), féminin (*ŝia*) ou neutre (*ĝia*).

— Le pluriel *iliaj* (*leur*, *leurs*) au contraire reste le même quel que soit le genre des possesseurs.

Exercices oraux ou écrits.

Remplacez les tirets par les adjectifs ou pronoms possessifs convenables.

La patro diras : mi volas nun legi — ĵurnalon. Vi, Karolo, skribu dume — taskon. Ludoviko devas fini — desegnaĵon kaj Johanino povas daŭrigi — brodaĵon. La malgranda Elizo ludas per (*avec*) — pupo. Poste ni promenas en — ĝardeno; tie la knaboj trovas — ilojn kaj kulturas — ĝardenetojn kaj akvumas la ĝardeneton de — fratino.

THÈME

J'ai trouvé mes cahiers. Avez-vous trouvé les vôtres? Louis a-t-il trouvé le sien? Charles et Ernest ont-ils trouvé les leurs? Louise a-t-elle fini son devoir? Les élèves doivent faire leurs devoirs pour demain. Est-ce que Charles a pris son crayon et ses plumes? Voilà Louis ; il a oublié sa serviette. Louise est seule ; sa sœur se promène dans le jardin et arrose son jardinet. J'ai prêté mon livre à Emile et il m'a prêté le sien ; il a lu le mien et j'ai lu le sien ; je préfère le mien au sien. J'ai oublié mes outils ; mes amis sont absents : j'ai pris les leurs. Je n'ai pas mon couteau ; donnez-moi le vôtre. Son couteau est très beau ; il a un manche en ivoire. A qui sont ces crayons ? Sont ils à vous, à lui ou à elle? Ils ne sont ni à lui, ni à elle ; ils sont à moi. Vos crayons sont très beaux et très bons, où les avez-vous achetés? Je les ai achetés chez le papetier mon voisin.

Phrases usuelles.

Le temps est beau, vilain, froid, chaud.	*La vetero estas bela, malbela, malvarma, varma.*
Quelle heure èst-il ?	*Kioma horo estas ?*
Il sera bientôt temps de partir.	*Baldaŭ estos tempo por foriri.*
Depuis combien de temps apprenez-vous l'esperanto ?	*De kiom da tempo vi lernas esperanton ?*
Quand a lieu le cours ?	*Kiam fariĝas la kurso ?*
Tous les mardis.	*Ĉiun mardon.*

Le futur.

Mi iros al la lernejo.

ĝis, *jusqu'à ce que*   **tiam,** *alors*
pri, *au sujet de, sur, de*   **kiam,** *quand.*

Morgaŭ frue mi iros al la lernejo. Mi diros « ĝis revido » al miaj gepatroj kaj mi foriros. Mi ne

haltos dum la vojo, mi marŝos rapide, kaj mi ne zorgos pri tio, kio okazos en la strato. Mi renkontos personojn konatajn kaj mi salutos ilin. Mi levos mian ĉapelon kaj mi diros : « bonan tagon, sinjoro ; bonan tagon, sinjorino ; bonan tagon, fraŭlino ». Miaj gepatroj diris al mi, ke oni devas ĉiam esti ĝentila.

Multaj el miaj kamaradoj estos jam antaŭ la pordo de la lernejo. Mi salutos ilin amike. Mi diros al ili : « bonan tagon, kiel vi fartas ? » Ili respondos : « Tre bone, kaj vi ? » Ni parolos tiam pri niaj taskoj, kaj ni atendos ĝis la pordisto malfermos la pordon. Tiam ni eniros kaj ni restos ankoraŭ en la korto. Kiam la sonorilo sonoros, ni metos nin en vicojn kaj ni eniros kun la instruisto en la lernejan ĉambron. Post ĉiu kurso ni havos paŭzon.

QUESTIONNAIRE

1. Kiam vi iros al la lernejo ? — 2. Kion vi diros al viaj gepatroj ? — 3. Ĉu vi haltos dum la vojo? — 4. Ĉu vi marŝos rapide ? — 5. Kion vi faros, se vi renkontos personojn konatajn ? — 6. Kion vi diros por saluti fraŭlinon ? — 7. Kiu estos antaŭ la pordo de la lernejo ? — 8. Kion vi diros al viaj kamaradoj ? — 9. Kion ili respondos ? — 10. Pri kio vi parolos poste ? — 11. Ĝis kiam vi atendos ? — 12. Kiu malfermas la pordon ? — 13. Kiam vi eniros en la lernejan ĉambron ? — 14. Kun kiu vi eniros ? — 15. Kio okazas post ĉiu kurso ?

GRAMMAIRE

Morgaŭ mi iros al la lernejo.

— Le futur des verbes est indiqué par la terminaison **os**.

Il traduit non seulement le futur français, mais aussi le présent de l'indicatif employé après *si*.

Exemple : Si vous venez, *se vi venos*.

Exercices oraux ou écrits.

Mi aĉetos esperantajn librojn. Ni aŭskultos la lecionojn kaj ni estos atentaj. La presisto presos librojn. La lignaĵisto faros tablon. La profesoro demandos la lernantojn. Morgaŭ estos dimanĉo. Por skribi ni uzos plumon kaj inkon. Por lavi siajn manojn ili bezonos akvon. Por forskrapi, vi bezonos gumon. Por vojaĝi mi uzos fervojon. Postmorgaŭ mi diros al vi : « Adiaŭ, kara amiko », ĉar mi foriros por fari vojaĝon, kaj mi forestos dum la semajno. Kiam la servistino alportos la lampon, vi faros vian taskon. Kiam vi soifos, vi trinkos. Se (*si*) vi soifos, vi trinkos. Kiam la vetero estos pli bela, mi promenos. Se la vetero estos pli bela, mi promenos. Kiam vi deziros trinki, vi trovos akvon kaj vinon sur la tablo. Se vi deziros trinki, vi trovos akvon kaj vinon sur la tablo. Kiam la knaboj eliros, ili surmetos siajn ĉapelojn. Se la knaboj eliros, ili surmetos siajn ĉapelojn.

THÈME

Demain nous mangerons de bonne heure. J'écrirai à mon oncle. Ils finiront leurs devoirs demain. Les élèves auront de nouveaux livres. Je verrai mes chers amis avec grand plaisir. Après la leçon les élèves sortiront et joueront dans la cour. J'espère que vous me comprendrez. Prendrez-vous votre manteau ? Voudrez-vous me prêter ce livre ? Après-demain, la bonne lavera sa chambre. Quand le vitrier pourra-t-il venir ? Le maître vous interrogera-t-il aujourd'hui ? Demain nous aurons un nouveau professeur, car notre maître devra faire un petit voyage. Quand le maître parlera, écoutez-le. Mon frère devra-t-il partir de bonne heure ? Quand vous ne me verrez plus, vous m'oublierez. Ne cherchez pas votre sœur : quand vous ouvrirez la porte, vous la verrez. Quand vous viendrez, je vous montrerai le jardin de notre voisin. Si vous venez, je vous montrerai le jardin de notre voisin. Quand mon frère viendra, nous nous promènerons. Si mon frère vient (viendra), nous nous promènerons. Quand le temps sera vilain, nous ne sortirons pas et nous lirons. Si le temps est vilain demain, nous ne sortirons pas et nous lirons. J'espère que vous apprendrez votre leçon. Le maître ne sera pas content si vous ne la savez pas, et il vous grondera et vous punira.

DIXIÈME LEÇON

Verbes en igi.

Malbona kamarado.

tial, ke, *parce que*   **jam,** *déjà*

Hieraŭ la servistino vekis min kaj levigis min je la sepa. Ŝi ne bezonis eklumigi la lampon, tial ke

la suno jam brilis, sed ŝi ekbruligis la fajron por pretigi mian ĉokoladon. Je la oka mi iris en la lernejon, kie mi pasigas grandan parton de la mateno. Mi estis tre atenta, tial ke la atento multe progresigas la lernantojn. La kurso finiĝis je la dekunua, kaj mi iris hejmen kun mia kamarado Maŭrico.

Dum la reveno, Maŭrico sciigis min (*ou :* al mi), ke li iris por ĉasi kun sia patro kaj volis kredigi al mi, ke li mortigis mem du leporojn. Li certigis tion al mi, sed mi ne volis kredi, tial ke li ofte fanfaronas.

Tio kolerigis lin, kaj li minacis al mi, por min timigi, ke li batos min. Li ne batis min, sed dum ia bruo atentigis min kaj igis min deturni la kapon, li puŝis min kaj faligis min.

Mi falis, kaj la piedo doloras min. Tiu malbona konduto de mia kamarado Maŭrico tre ĉagrenis min. Mi reeniris en mian domon, mi pendigis mian mantelon en la vestŝranko, mi purigis miajn manojn, kaj mi banis kaj vindis mian piedon.

QUESTIONNAIRE

1. Kiu vekas vin ? — 2. Je kioma horo la servistino vekis vin hieraŭ ? — 3. Ĉu ŝi bezonis eklumigi la lampon ? — 4. Kial ŝi ekbruligis la fajron ? — 5. Kiu pretigas vian matenmanĝon ? — 6. Kie vi pasigas la pli grandan parton de la mateno ? — 7. Kial estas necese, ke la lernantoj estu atentaj ? — 8. Je kioma horo finiĝas la kurso ? — 9. Kien vi iras, kiam la kurso finiĝis ? — 10. Kion sciigis vin Maŭrico dum la reveno? — 11. Kion li volis kredigi al vi ? — 12. Ĉu vi kredis lin ? — 13. Kial vi ne kredis lin ? — 14. Kion li faris, kiam vi ne volis kredi lin ? — 15. Kio igis vin deturni la kapon ? — 16. Kiu faligis vin ? — 17. Ĉu io doloras vin? — 18. Kio ĉagrenas vin ? — 19. Kion vi faris, post kiam vi reeniris hejmen ? — 20. Kion vi purigis ? — 21. Kion vi bandaĝis ?

LEXICOLOGIE

La servantino levigis min je la sepa, kaj ekbruligis la fajron por pretigi mian ĉokoladon.

La gimnastiko fortigas la lernantojn, *ou :* igas fortaj la lernantojn.

— **ig** signifie *faire* (devant un infinitif), *rendre* (devant un adjectif). Il s'emploie comme suffixe ou comme verbe. Comme suffixe, on peut l'ajouter à des substantifs, à des adjectifs, à des verbes ou à des prépositions. Ainsi : *ordo*, ordre — *ordigi*, mettre en ordre ; *bela*, beau — *beligi*, embellir ; *vidi*, voir — *vidigi*, faire voir ; *for*, loin — *forigi*, éloigner, écarter.

Exercices oraux ou écrits.

VERSION

La servantino brosas kaj purigas la vestojn. Por briligi (*ou :* por igi brilantaj) la ŝuojn, oni ciras kaj brosas ilin. Kiam oni pintigas krajonon, oni plimallongigas ĝin. Ĉiumatene mia patrino varmigas kaj boligas lakton kun ĉokolado por mia matenmanĝo. La instruisto plenigos la inkujon je inko. Liniigu vian paperon per la liniilo. Kiam ili alvenos en la lernejan ĉambron, la lernantoj eligos siajn librojn kaj kajerojn el la sako. La vento elradikigis tri arbojn. Mi igos enkadrigi vian portreton. Mi pasigis la hieraŭan tagon en la kamparo, sed la pluvo devigis min reeniri hejmen frue. Precizigu vian penson, se vi volas, ke mi komprenu vin. Ĉu vi kontentigis la instruiston? La kokino kunvenigas siajn idojn sub siajn flugilojn.

THÈME

J'ai dù faire séchir mes vêtements, parce qu'ils étaient humides. Lavez vos mains. L'art embellit la vie. Mon cousin a passé une semaine avec nous. Vous me faites rougir. Votre lettre m'a fait plaisir. Le jardinier aplanira ce chemin. La gymnastique assouplit les membres. La neige assourdit le bruit des pas. Quand le maître commencera le cours, il nous fera réciter nos leçons, puis il nous fera écrire un devoir et nous expliquera. Il variera les exercices pour nous rendre plus attentifs. Il encouragera les élèves laborieux. Nous apprendrons avec plaisir tout ce que le maître nous fera apprendre, car nous savons que cela agrandira nos connaissances et fortifiera notre jugement. Il sortit sa montre de sa poche. On peut faire sortir des étincelles d'un caillou. Ecartez ces jouets.

ONZIÈME LEÇON

Accusatif de direction.

Kelkaj movoj de la lernanto.

iom, *un peu*   tiam, *alors*

Mi eniras en la korton de la lernejo. Mi atendas la horon kaj iom ludas en la korto. Poste mi eniras en la lernejoĉambron. Mi iras al mia seĝo. Mi metas mian paperujon sur la tablon, kaj mi sidigas min. Mi krucumas miajn brakojn, kaj mi direktas miajn okulojn al la instruisto.

La instruisto vokas mian nomon. Li diras al mi: Roberto, iru al la tabulo. Mi levas min; mi forlasas mian seĝon, kaj mi iras al la tabulo. Mi prenas la kreton. La instruisto diktas, kaj mi skribas. Mi tiam metas la kreton en la skatolon. Mi prenas la spongon, kaj mi forviŝas la tabulon. Mi remetas la spongon apud la kreton, mi turnas min, mi reiras al mia seĝo, mi metas min antaŭ mian tablon, kaj mi sidigas min sur mian seĝon. Nun mi sidas sur mia seĝo antaŭ mia tablo.

QUESTIONNAIRE

1. Kiu eniras en la korton de la lernejo? — 2. Kion faras la lernantoj en la korto? — 3. Ĝis kiam atendas la lernantoj antaŭ la pordo? — 4. Ĝis kiam ludas la lernantoj en la korto? — 5. Sur kion sidigas sin la lernantoj? — 6. Kion ili metas sur la tablon? — 7. Al kiu ili direktas siajn okulojn? — 8. Por kio utilas (*est utile, sert*) la kreto? — 9. Kiu prenas la spongon? —

10. Por kio oni bezonas spongon ? — 11. Por kio utilas la spongo ? — 12. Sur kio sidas la lernanto ? — 13. Kiun vokis la instruisto ? — 14. Kial Roberto forlasis sian seĝon ? — 15. Kiam Roberto forlasis sian seĝon ? — 16. Kion Roberto forviŝis per la spongo ? — 17. Kion li faris per la kreto ? — 18. En kion li remetis la kreton ?

GRAMMAIRE

Mi metas la libron sur la tablon.

— Quand il y a direction vers et que la préposition ne l'indique pas suffisamment par elle-même, son complément prend l'**n** de l'accusatif. C'est ce qu'on appelle l'*accusatif de direction*.

— Le signe de l'accusatif de direction s'ajoute aussi aux adverbes de lieu (où, là, ici, etc.) et aux noms de lieux quand il y a mouvement, direction vers. Ainsi : Kien vi iras ? *Où allez-vous ?* Mi iras hejmen, *Je vais à la maison.* Mi iras Parizon, *Je vais à Paris.*

— La préposition **al** n'est jamais suivie de l'accusatif, parce qu'elle indique suffisamment par elle-même qu'il y a direction vers. Il en est de même de la préposition **ĝis**, *jusqu'à.*

LEXICOLOGIE

Mi eniras en la ĉambron, kaj mi reiras al mia seĝo.

En veut dire *dans.* Il s'emploie comme préposition et comme préfixe pour former des verbes. Ainsi : iri, *aller* — eniri, *aller dans, entrer.*

Re est un préfixe qui a le même sens que *re* en français. Il indique le retour en arrière ou la répétition. Ainsi : veni, *venir* — reveni, *revenir ;* sendi, *envoyer* — resendi, *renvoyer.*

Exercices oraux ou écrits.

VERSION

Kien iras la lernantoj ? Ili iras en la lernejon. Mia amiko iros en la ĝardenon de sia onklo. Mi ankaŭ iros tien, kaj ni ludos en la ĝardeno kun liaj kuzoj. Mi skribos leteron kaj mi sendos ĝin Parizon al mia onklo. Kiu forviŝis tion, kion la instruisto skribis sur la nigran tabulon? Kiam vi iros al via onklo? Paŭlo ne estis hodiaŭ en la lernejo; mi iros morgaŭ al li por viziti lin. La lignaĵisto forgesis sian segilon en la korto. Ni iris en la magazenon 'de la tranĉilfaristo.

THÈME

Pierre a mis son crayon dans sa poche. Avez-vous remis la craie dans la boîte? Les élèves entrent dans la cour. Les élèves jouent dans la cour. Qui attendez-vous? Mettez vos livres sur la table. J'ai oublié mon crayon sur la table. Asseyez-vous sur votre banc. Venez devant ma table. Retournez sur votre chaise. Le maître lit dans la cour auprès d'un arbre. Que voyez-vous sur le tableau noir? Demain nous n'irons pas à l'école. Est-ce que vous ne voulez pas entrer avec moi dans ce magasin? Votre ami ira-t-il en Angleterre? Non, il ira en Italie. Mon camarade m'a poussé et je suis tombé dans la rue. Le petit garçon regarda par la fenêtre et tomba dans la rue. Le concierge a oublié sa cloche dans la cour. Émile a laissé son chapeau sur sa chaise. Mettez votre manteau dans la garde-robe (armoire à vêtements). Portez ces livres dans ma chambre et tous les autres chez le relieur. Louis travaille dans le jardin de son voisin. Allez dans le jardin et apportez-moi des prunes, que vous mettrez sur cette planche. Mettez ces pierres dans votre panier.

Manières de traduire « de ».

Mia familio.

Antaŭ ne longe, *il n'y a pas longtemps* (cf. leçon 33).

Mi havas patron kaj patrinon; ili estas miaj gepatroj, kaj mi estas ilia *ido*. Mi estas knabo; mi estas la filo de miaj gepatroj. Miaj gepatroj havas ankoraŭ aliajn idojn, du filojn kaj du filinojn. Ili estas miaj fratoj kaj fratinoj. Ni estas kvin gefratoj.

La gepatroj de mia patro vivas ankoraŭ; ili estas miaj patraj geavoj; miaj patrinaj geavoj estas ambaŭ mortintaj antaŭ ne longe, kaj ni funebras ankoraŭ. Miaj fratoj kaj mi estas la nepoj de niaj geavoj, kaj miaj fratinoj estas iliaj nepinoj.

Mia patro havas fratinon kaj fraton. Lia fratino estas mia onklino, kaj lia frato estas mia onklo. Mi estas ilia nevo, kaj miaj fratinoj estas iliaj nevinoj. Mia onklo estas mia baptopatro, kaj mia onklino estas mia baptopatrino. Mia onklino estas edzigita kun sinjoro Durand ; ŝi estas la edzino de sinjoro Durand, kaj sinjoro Durand estas ŝia edzo. Sinjoro Durand estas ankaŭ mia onklo. La infanoj de miaj geonkloj estas miaj gekuzoj.

Unu el miaj fratoj kaj unu el miaj fratinoj estas pli maljunaj ol mi, kaj estas jam edzigitaj. Mi ĉeestis ĉe ilia edziĝofesto. La edzino de mia frato estas mia bofratino. Mia bofrato mortis la lastan jaron ; ŝi estas vidvino, kaj mia onklo Durand estas la zorganto de ŝiaj infanoj. La kompatindaj idoj estos baldaŭ orfoj, ĉar ilia patrino estas tre malsana kaj povas tuj morti. La kuracisto ne havas plu esperon. Miaj onkloj, onklinoj, kuzoj, kuzinoj, prakuzoj kaj prakuzinoj estas miaj geparencoj ; ni estas parencaj.

QUESTIONNAIRE

1. Kiuj estas viaj gepatroj? — 2. Kiu vi estas por viaj gepatroj? — 3. Ĉu vi havas fratojn kaj fratinojn? — 4. Kiom da infanoj havas viaj gepatroj? — 5. Kiom da gefratoj vi estas? — 6. Kiel vi nomas la gepatrojn de viaj gepatroj? — 7. Ĉu vi havas ankoraŭ viajn patrinajn geavojn? — 8. Kiu vi estas por viaj geavoj? — 9. Ĉu vi havas onklojn kaj onklinojn? — 10. Kiu estas via baptopatro? — 11. Kiu estas via baptopatrino? — 12. Kiel vi nomas la idojn de viaj geonkloj? — 13. Ĉu vi ne havas fraton, kiu estas jam edzigita? — 14. Kiel vi nomas lian edzinon? — 15. Ĉu via fratino ne estas vidvino? — 16. Kiel vi nomas la infanojn, kiuj ne havas plu nek patron nek patrinon? — 17. Kiel vi nomas per unu sola vorto viajn onklon kaj onklinon?... viajn kuzon kaj kuzinon?

GRAMMAIRE

Unu **el** miaj fratoj man**ĝ**is pecon **da** pano.

— *De* après un nom de nombre et signifiant *d'entre* se traduit par **el**. Il se traduit aussi par **el** quand il marque l'*origine*, la *provenance*, la *matière* ; mais après un nom de mesure, de poids, de quantité, il se traduit par **da**.

Dans les autres cas *de* se traduit généralement par **de**. Ainsi : Le livre de Charles, *la libro de Karolo ;* le fils du roi, *la filo de la reĝo ;* venir de Londres, *veni de Londono*, etc.

A remarquer cependant les locutions : La route de Paris, *la vojo al Parizo ;* la bataille de..., *la batalo apud... ;* nous parlions de..., *ni parolis pri....*

LEXICOLOGIE

La patro kaj la pat**rino** estas miaj **ge**patroj. Mi estas ilia **ido**. Mia **bo**frato mortis. Mi havas multe da prak**uzinoj**.

— Le suffixe **in** indique le féminin dans les substantifs. Ainsi : *La koko*, le coq ; *la kokino*, la poule ; *la bovo*, le bœuf ; *la bovino*, la vache.

— Le suffixe **id** signifie enfant et marque le descendant. Ainsi : *La kokido*, le poulet ; *la bovido,* le veau.

— Le préfixe **ge** marque l'ensemble des deux sexes. Ainsi : *La geavoj*, les grands-parents ; *la gesinjoroj X,* monsieur et madame X ; *bonan tagon gesinjoroj,* bonjour messieurs et mesdames.

— Le préfixe **bo** marque la parenté résultant du mariage et correspond à *beau, belle* dans les composés français. Ainsi : *La bopatro,* le beau-père ; *la bopatrino,* la belle-mère.

— Le préfixe **pra** correspond au mot *arrière* dans les composés français. Ainsi : *La praavino,* l'arrière-grand-mère.

Exercices oraux ou écrits.

Formez des dérivés en ajoutant aux substantifs suivants les suffixes **in** et **id** et employez-les dans de petites phrases.

1° **in**. La kuzo — La avo — La patro — La nepo — La onklo — La nevo — La bovo — La koko — La hundo — La kato — La kapro — La ĉevalo.

2º **id**. La birdo — La bovo — La koko — La kapro — La ĉevalo — La azeno — La muso.

Remplacez les tirets par un substantif formé au moyen des préfixes suivants et employez-les dans de petites phrases :

1º **ge**. La frato kaj la fratino estas —. La nepo kaj la nepino estas —. La patro kaj la patrino estas —. La baptopatro kaj la baptopatrino estas —. La onklo kaj la onklino estas —. La kuzo kaj la kuzino estas —. La avo kaj la avino estas —.

2º **bo**. La edzo de mia fratino estas mia —. La edzino de mia frato estas mia —. La patro de via edzino estas via —. La patrino de via edzo aŭ de via edzino estas via —.

3º **pra**. La patro de mia avo estas mia —. La patrino de mia avino estas mia —. Mi estas la — de miaj prageavoj. La filo de mia praonklo estas mia —. La filino de mia praonklino estas mia —.

THÈME

Je n'ai plus ni grand-père ni grand-mère. Mes grands-parents paternels et mes grands-parents maternels sont morts. Mes parents vivent encore mais ils sont très vieux. J'ai deux frères et une sœur. Mes frères sont tous deux mariés et ma sœur est fiancée avec monsieur Miller, le fils de notre voisin. Monsieur Miller sera mon beau-frère et moi aussi je serai son beau-frère. Mes frères ont beaucoup d'enfants, des garçons et des filles. Je suis leur oncle et ma sœur est leur tante. Ils sont nos neveux et nos nièces, et nos parents les appellent leurs petits-enfants.

Les nombres.

Ni kalkulas.

1 unu, 2 du, 3 tri, 4 kvar, 5 kvin, 6 ses, 7 sep, 8 ok, 9 naŭ, 10 dek. Mi havas unu buŝon. Vi havas du okulojn. Du kaj unu estas tri. La tablo havas kvar piedojn. La homo havas kvin sentojn. Ni laboras dum ses tagoj. La semajno havas sep tagojn. Kvar kaj kvar aŭ *duoble* kvar estas ok. Tri kaj tri kaj ankoraŭ tri aŭ *trioble* tri estas naŭ. Mi havas dek fingrojn.

Dek objektoj estas *deko*, dekoble dek estas *cent* aŭ *cento*, centoble dek estas *mil* aŭ *milo* kaj miloble mil estas *miliono*. Por fari la nomojn de la dekoj, centoj kaj miloj oni aldonas la vortojn dek, cent, mil al la nomoj de la *unuoj*. Tiel, *dudek, tridek… kvarcent, kvincent… sesmil, sepmil* k. t. p. (kaj tiel plu). Por formi la aliajn nombrojn oni aldonas la nomojn de la unuoj al la nomoj de la dekoj, centoj kaj miloj. Tiel, *dek-unu, dek-du… dudek-tri, tridek-kvar, kvarcent-kvindek-ses, sesmil-naŭ, okmil-tricent-naŭdek-naŭ*. Ni estas en la jaro mil naŭcent-ok aŭ deknaŭ cent ok.

La alfabeto esperanta havas dudek literojn. **A** estas la *unua*, **B** (bo) la *dua*, **E** la *kvina*, **U** la *dudeka*, **Z** (zo) estas la *dudekdua* aŭ la lasta kaj **V** (vo) la antaŭlasta.

Unu estas la *duono* de du ; tri estas la *triono* de naŭ ; kvar estas la *kvarono* de sesdek ; ok estas la *sepono* de kvindek-ses. La tri *kvaronoj* de dudek faras dek-kvin, kaj la tri *seponoj* de dudek-ok kun la kvar *naŭonoj* de tridek-ses faras dudek-ok.

QUESTIONNAIRE

1. Ĉu vi havas du buŝojn ? — 2. Kiom da okuloj vi havas ? — 3. Kiom faras du kaj unu ? — 4. Ĉu la tablo havas du aŭ tri piedojn ? — 5. Kiom da sentoj havas la homo ? — 6. Dum kiom da tagoj ni laboras ? — 7. Kiom estas la duoblo de kvar ? — 8. Kiom estas la trioblo de tri ?... la dekoblo de dek ?... — 9. Kiel oni formas la nomojn de la dekoj ? — 10. Kiel oni formas la nombrojn inter du dekoj ? — 11. En kioma jaro ni estas ? — 12. Kiom da literoj havas la esperanta alfabeto ? — 13. Kiu estas la tria ?... la oka ?... la dekdua ? — 14. Kiom estas la duono de du ?... la triono de tri ?

GRAMMAIRE

La du unuaj lernantoj.

— L'adjectif numéral cardinal est invariable.

— L'adjectif numéral ordinal s'accorde comme l'adjectif qualificatif. On l'emploie pour indiquer la *date,* la *page* et le *chapitre* d'un livre, le *rang* d'un souverain. Ainsi on dit : *La trian de Julio. — Vidu la dekduan paĝon. — Ludoviko la dekkvara.*

— Les formes numérales en **aine** comme *dizaine, douzaine,* etc. s'obtiennent en ajoutant au nombre la caractéristique **o**.

Exemple : *dek-duo, cento.*

Cependant pour désigner une quantité approximativé on fera précéder le nombre de *ĉirkaŭ* (environ). Ainsi : Mi pagis ĉirkaŭ dek frankojn, *j'ai payé une dizaine de francs.*

— Les nombres fractionnaires se forment au moyen du suffixe **on** et les nombres multiplicatifs au moyen du suffixe **obl** ; enfin les distributifs se marquent par la préposition **po** *(à.raison de, au taux de)* précédant le nombre. Ainsi : La triono de la sesoblo de du estas kvar, *le tiers du sextuple de deux est quatre.* Tiuj persikoj kostis po dek centimoj, *ces pêches ont coûté 10 centimes « par pièce. »*

Exercices oraux ou écrits.

Répondez aux questions suivantes :

Unue : Kio estas la kvinono de dudek?... la sesono de tridek-ses?... la sepono de kvardek-naŭ?... la kvin dekduono de dudek-kvar?

Due : Kiom faras kvardek-du kun la sesono de kvardek-du?... la okono de sesdek-kvar kun la du naŭonoj de tridek-ses kaj la dekono de tricent kvardek?.

Trie : Kiom estas la kvin sesonoj de tridek-ses?... la sep okonoj de sesdek-kvar?... la du trionoj de la tri kvaronoj de dek-du?

Kvare : Kiom estas la *duoblo* de duono de ducent kvardek-naŭ?... trioblo de triono de kvardek-kvar?... kvinoblo de kvinono de kvincent kvindek-kvin?

Kvine : Mi aĉetis dekduon da persikoj, kiuj kostis al mi po dek centimoj. Kiom mi pagis por ĉio?

THÈME

(Ecrire les nombres en toutes lettres.)

Mon camarade a acheté 1/4 de douzaine de crayons. Une boîte de plume contient 12 douzaines ou 144 plumes. C'est en l'année 1492 que Christophe Colomb a découvert le nouveau monde. Louis XIV a régné de 1643 à 1715. J'ai reçu votre lettre du 29 juillet. Ouvrez votre livre et cherchez la page 105. Nous avons lu le premier chapitre. Il a acheté 6 mètres de drap à raison de 8 francs le mètre. Combien a-t-il payé? Il a payé 48 francs. Quel est le quintuple des trois cinquièmes de 155? C'est 465.

QUATORZIÈME LEÇON

Accusatif de durée.

Divido de la tempo.

Hodiaŭ estas mardo ; hieraŭ estis lundo kaj morgaŭ estos merkredo. Mardo, lundo kaj merkredo estas tagoj de la semajno. La semajno havas sep tagojn ; ili estas nomitaj : *lundo, mardo, merkredo, ĵaŭdo, vendredo, sabato* kaj *dimanĉo.* Se ni diras, ke lundo estas la unua tago de la semajno, mardo estas la dua, merkredo la tria, vendredo la kvina, dimanĉo la sepa aŭ la lasta kaj sabato la antaŭlasta.

Kvar semajnoj faras unu monaton. La jaro havas dek-du monatojn aŭ kvindek-du semajnojn aŭ tricent sesdek-kvin tagojn. La nomoj de la monatoj estas : *januaro, februaro, marto, aprilo, majo, junio, julio, aŭgusto, septembro, oktobro, novembro* kaj *decembro.*

Kelkaj monatoj havas tridek tagojn, kelkaj havas tridek-unu, kaj unu sola, la monato februaro, havas nur dudek-ok aŭ dudek-naŭ tagojn. Kiam la monato februaro havas dudek-naŭ tagojn, la jaro estas superjaro. Tio okazas ĉiukvarjare. Ni vidas la daton en la kalendaro. Se ni ne havas kalendaron, ni demandas : *Kioman daton ni havas hodiaŭ ?* Oni respondos al ni : *Hodiaŭ ni havas la dek-sesan de julio.*

Tri monatoj formas ankaŭ kvaronjaron, ses monatoj duonjaron, kaj cent jaroj estas nomitaj centjaro aŭ jarcento. Ni vivas en la dudeka jarcento.

QUESTIONNAIRE

1. Kioman tagon ni havas hodiaŭ ? — 2. Kioma tago estis hieraŭ ?... antaŭhieraŭ ? — 3. Kioma tago estos morgaŭ ?... postmorgaŭ ? — 4. Kiom da tagoj havas la semajno ? — 5. Kiuj estas la nomoj de la sep tagoj de la semajno ? — 6. Kiu estas la tria tago ?... la kvina ?... la lasta ?... la antaŭlasta ? — 7. Kiom da semajnoj estas en unu monato ? — 8. Kiom da monatoj enhavas jaro ? — 9. Kiuj estas la nomoj de la dek-du monatoj ? — 10. Ĉu ĉiuj monatoj havas la saman nombron da tagoj ? — 11. Kiom da tagoj havas la monato junio ? — 12. Kiel oni nomas la jaron, kiam februaro havas dudek-naŭ tagojn ? — 13. En kiu monato ni estas ? 14. Por kio utilas (aŭ : servas) la kalendaro ? — 15. Kioman daton ni havas hodiaŭ ? — 16. Kio estas kvaronjaro ?... duonjaro ? 17. En kiu jarcento ni vivas ?

GRAMMAIRE

Mi foriros la dek-sesan de julio.

— Outre le complément direct, on met aussi à l'accusatif (sans préposition) les noms qui marquent la *date*, la *durée*, le *poids*, la *mesure*, le *prix*.

Ex. : Tio okazis la trian de Aŭgusto, *cela est arrivé le 3 Août*. Ni restos tri monatojn en (*ou :* sur) la kamparo, *nous resterons trois mois à la campagne*. Tiu tablo estas du metrojn longa, *cette table est longue de deux mètres*.

Kiom da tagoj havas la semajno ?

— Le nom précédé d'une préposition se met au nominatif, c'est à dire garde la terminaison du cas sujet, excepté quand il faut indiquer qu'il y a *direction vers*. (Voir leçon 11.)

Exercices oraux ou écrits.

VERSION

La trian de Aŭgusto mia frato iros (*aŭ :* veturos) en Londonon. Li restos tie ses monatojn por lerni la anglan lingvon. Mia avo naskiĝis la duan de aprilo mil-okcent-dudek-naŭ ; li havos la aĝon de sepdek-sep jaroj (*aŭ :* li estos sepdeksepjara) la duan de la proksima aprilo. Kiun aĝon vi havas (*aŭ* : kiu estas via aĝo), malgranda mia amiko? Mi havas dek-du jarojn kaj duonon (*aŭ* : mi havas la aĝon de dek-du jaroj kaj duono); mi estas malgranda laŭ mia aĝo. En kiu monato ni estas? Kiom da tagoj havas la monato julio? Se vi tion ne scias, prenu vian kalendaron, ĝi diros tion al vi. Superjaro havas tricent-sesdek-ses tagojn. Nia servantino aĉetis hieraŭ du kilogramojn da kafo po du frankoj, kaj tri funtojn da sukero po sesdek-kvin centimoj? Kiom ŝi pagis por ĉio?

THÈME

Tous les quatre ans le mois de février a vingt-neuf jours et alors l'année est bissextile. Le jour est 1/7 de la semaine, la semaine est 1/4 du mois et le mois est 1/12 de l'année. Aujourd'hui nous sommes mercredi, c'est le troisième jour de la semaine. Le jeudi et le dimanche nous n'allons pas à l'école. Le 5 août j'irai avec mes parents au bord de la mer, nous y resterons 6 semaines ou un mois et demi. Je suis né le 1er avril 1849, disait un grand-père à son petit-fils, peux-tu me dire l'âge que j'aurai le 1er avril 1809? Mon cousin a acheté hier une demi douzaine de pêches; elles ont couté 1 franc 20 centimes, c'est à dire 20 centimes la pêche. C'est cher, mais elles étaient belles et bonnes.

Phrases usuelles.

Quelle est votre opinion ?	*Kia estas via opinio ?*
Qu'en pensez-vous ?	*Kion vi pensas pri tio ?*
Je le crois ; j'en suis certain.	*Tion mi kredas ; mi estas certa pri tio.*
J'en doute ; je ne sais pas.	*Mi dubas pri tio ; mi ne scias.*
Vous vous trompez.	*Vi eraras.*

QUINZIÈME LEÇON

Mots composés.

La horloĝo.

La horloĝo mezuras la tempon; ĝi diras al ni kioma horo estas.

Estas diversaj specoj de horloĝoj. Tiu, kiun ni povas meti en la poŝon estas poŝhorloĝo. Jen poŝhorloĝo kun ĝia ĉeno. La poŝhorloĝo havas ciferplaton kun dek-du ciferoj kaj du montrilojn. La montriloj iras de maldekstre al dekstre, kaj montras la horojn kaj la minutojn. Unu horo havas sesdek minutojn; la minuto enhavas sesdek sekundojn, kaj la sekundo konsistas el momentoj.

La granda montrilo montras la minutojn, kaj la malgranda la horojn. Kiam la granda montrilo estas sur dek-du kaj la malgranda sur dek, ĝi estas ĝuste *la deka horo*. Kiam la malgranda, estas inter naŭ kaj dek, kaj la granda sur ses, ĝi estas *la naŭa kaj duono*. Kiam la granda montrilo estas sur tri, kaj la malgranda sur unu, ĝi estas *la unua kaj kvarono*. Kiam la malgranda estas inter dek kaj dek-unu, kaj la granda sur naŭ, ĝi estas *la deka kaj tri kvaronoj*, aŭ *la kvarono antaŭ la dek-unua*. *Kioma horo estas*, kiam la malgranda montrilo kuŝas sur tri, kaj la granda sur du?

La horloĝo, kiu estas sur la kameno estas kamenhorloĝo; tiu, kiu estas alkroĉita je la muro estas murhorloĝo, kaj tiu, kiu estas en turo aŭ sonorilejo estas sonorilejhorloĝo. Ni havas horloĝon el bronzo. Mia poŝhorloĝo estas el arĝento, sed la via estas el oro. La horloĝisto faras la horloĝojn.

Via poŝhorloĝo haltis ; streĉu ĝin. La mia ne funkcias bone ; jen ĝi trorapidas jen ĝi malrapidas. Mi devas reguligi ĝin ofte.

QUESTIONNAIRE

1. Per kio oni mezuras la tempon ? — 2. Kio estas poŝhorloĝo ? — 3. Kion oni vidas sur la ciferplato de la poŝhorloĝo ? — 4. Laŭ kiu direkto iras la montriloj ? — 5. Kion montras la granda montrilo ?... kaj la malgranda ? — 6. Kiom da minutoj estas en unu horo ? — 7. Kio estas sekundo ? — 8. Kioma horo estas, kiam la granda montrilo montras ses kaj la malgranda estas inter ses kaj sep ? — 9. Kioma horo estas, kiam la malgranda montrilo estas sur tri kaj la granda sur du ? — 10. Kio estas kamenhorloĝo ? — 11. Kie estas metita la murhorloĝo ? — 12. Ĉu vi havas poŝhorloĝon el oro aŭ el arĝento ? — 13. Kion oni devas fari, kiam poŝhorloĝo haltis ? — 14. Kion oni devas fari, kiam ĝi trorapidas aŭ malrapidas ? — 15. Ĉu via poŝhorloĝo funkcias bone ?

LEXICOLOGIE

Estas **poŝ**horloĝoj, **mur**horloĝoj, **kamen**horloĝoj kaj **sonorilej**horloĝo.

L'esperanto forme facilement des mots composés en accolant deux racines et en ayant soin de mettre le mot *déterminant* avant le mot *déterminé*. Ainsi, bateau à vapeur se dit *vaporŝipo ;* jour de fête, *festtago ;* jour ouvrier, *labortago*.

Exercices oraux ou écrits.

— Citer les mots composés que vous connaissez.

— Traduire les mots composés suivants :

Naztuko — tablotuko — buŝtuko — (*aŭ :* telertuko) — tualettuko — viŝtuko — okulvitro — fenestro-vitro — tualetmeblo — vapormaŝino — kamentubo

— skribpapero — leterpapero — poŝtmarko — gas-
lampo — oleolampo — petrollampo — ventoŝirmilo
— fulmŝirmilo — pomarbo — fruktovendisto —
arbokulturisto — promenĝardeno — florĝardeno
— fruktoĝardeno — legomĝardeno — matenmanĝo
— vespermanĝo.

VERSION

Kie estas via poŝhorloĝo? La mia estas ĉe la
horloĝisto. Mia frato pruntedonis al mi la sian,
sed ĝi haltis; mi forgesis streĉi ĝin. La onklino
de mia amiko aĉetis hieraŭ por li grandan, belan
kamenhorloĝon el bronzo kiel edziĝodonacon.

THÈME

Une seconde, dites-vous, est peu de chose (*mal-
multo*). Mais avez-vous pensé qu'avec (*per*) les
secondes on fait les minutes, avec les minutes les
heures et avec les heures les jours? Souvent j'ai
entendu dire : pourquoi me mettrai-je (*komenci*)
encore à travailler? Dans (*post*) un quart d'heure
nous dînerons. N'est-ce donc rien [qu']un quart
d'heure qui ne revient pas? Mais si vous lisez
chaque jour pendant un quart d'heure, cela fera
sept quarts d'heure dans une semaine, trente quarts
d'heure ou sept heures et demie dans un mois,
quatre-vingt dix heures dans un an et neuf cents
heures dans dix ans. Jugez (*juĝi pri*) ce qu'on
peut lire en (*dum*) neuf cents heures.

Adverbe.

La partoj de la tago kaj la festoj de la jaro.

La suno leviĝas kaj subiras. Dum la suno estas ĉe la ĉielo, estas lume, kaj ni diras : estas tago. Kiam la suno malaperis el la ĉielo, kiam ĝi subiris, tiam fariĝas mallume kaj estas nokto. Dum la nokto, ni ne povas vidi la sunon, sed ni vidas la lunon kaj ofte multe da steloj.

Kiam la suno leviĝas, estas sunleviĝo kaj la mateno komenciĝas ; kiam ĝi plej alte estas kaj plej varme fariĝas, tiam estas tagmezo ; kiam la suno subiras, estas sunsubiro, kaj la vespero alvenas.

La mezo de la nokto nomiĝas noktomezo. Morgaŭ frue mi vekiĝos. Dum la mateno mi laboros. Je la dek-dua horo, aŭ je la tagmezo, mi tagmanĝos ; post la tagmezo aŭ posttagmeze mi promenados ; vespere mi legos kaj nokte mi dormos. Neniam mi enlitiĝas pli malfrue ol noktomezo.

Dum la jaro ni havas kelkajn grandajn festajn tagojn. Kristnasko, en la dudek-kvina tago de decembro, estas la plej bela festo por la infanoj : ili ricevas ĉiuspecajn ludilojn, kaj oni faras por ili kristnaskan arbon. Post ok tagoj, ĝi estas la nova jaro. Tio estas la tago de la bondeziroj kaj de la vizitoj. « *Ĉiujn miajn dezirojn por bona jaro !* »... « *Bonan kaj feliĉan jaron !* » estas frazoj, kiujn oni aŭdas la tutan tagon. Tio estas ankaŭ la tago de la novjaraj donacoj. En la monato marto aŭ aprilo okazas Pasko. Kvindek tagojn post Pasko okazas la Pentekosto ; tio estas la festo de la printempo. Fine la dek-kvara tago de julio estas la Franca nacia festo.

QUESTIONNAIRE

1. Pri kio parolas tiu ĉi leciono ? — 2. Kion ni diris pri la suno ? — 3. Kiam estas lume ? — 4. Kion ni diras por esprimi, ke estas lume ? — 5. Kio okazas, kiam la suno subiris ? — 6. Kion ni vidas dum la nokto ? — 7. Kiam komencas la mateno ? — 8. Kiam estas tagmezo ? — 9. Kiel oni nomas la parton de la tago, kiam la suno subiras ? — 10. Kiel oni nomas la mezon de la nokto ? — 11. Kion vi faras matene frue ? — 12. Kion vi faras posttagmeze ?... vespere ?... nokte ? — 13. Ĉu vi kuŝiĝas pli malfrue ol noktomezo ? — 14. Kiam okazas la Kristnaska festo ?

GRAMMAIRE

Nokte mi dormas. Mi salutos amike miajn kamaradojn.

— L'adverbe est caractérisé par la désinence **e**, qui équivaut ordinairement à **ment** français. Ainsi : *Saĝa*, sage ; *saĝe*, sagement ; *ordinara*, ordinaire ; *ordinare*, ordinairement ; *vespero*, soir ; *vespere*, le soir, pendant la soirée ; *promeni*, se promener ; *promene*, en promenade ; *dum*, pendant ; *dume*, en attendant.

Il suffit, comme on voit, d'ajouter un **e** à une racine quelconque, pour obtenir un adverbe.

LEXICOLOGIE

La suno leviĝas kaj la mateno komenciĝas.

— Le suffixe **iĝ** signifie *devenir*. Il s'ajoute à des substantifs, à des adjectifs, à des prépositions, à des verbes, pour former de nouveaux verbes qui correspondent ordinairement à des verbes pronominaux français. *Fortiĝi*, se fortifier ; *fianĉiĝi*, se fiancer ; *duobliĝi*, se doubler ; *sidiĝi*, s'asseoir (*sidi*, être assis).

— Il ne faut pas confondre les verbes en **iĝi** avec ceux en **igi**. Pour bien comprendre la différence, comparez : *fortigi*, fortifier, rendre fort ; *fortiĝi*, se fortifier, devenir fort : *ruĝigi*, faire rougir ; *ruĝiĝi*, rougir, devenir rouge.

Posttagmeze mi promenados.

— Le suffixe **ad** indique la durée dans l'action. Ainsi : *tranĉi,*
couper ; *tranĉadi,* taillader ; *pafo,* coup de fusil ; *pafado,*
fusillade ; *parolo,* parole ; *parolado,* discours ; *viziti,* visiter ;
vizitadi, fréquenter.

Exercices oraux ou écrits.

Formez avec les mots suivants des verbes en **iĝ** et employez-
les dans de petites phrases :

Kun — edzino — pura — dika — maldika —
juna — maljuna — levi — fari — kontenta —
granda — malforta — nomi — trovi — riĉa — stari
sidi — scii — fini — seka — laca — verda — movi
fleksi — rompi — renversi — kovri.

THÈME

Le soleil se lève le matin et se couche le soir.
La nuit nous ne pouvons pas voir le soleil ; mais
nous voyons quelquefois la lune et les étoiles.
Demain nous nous lèverons de bonne heure pour
voir le lever du soleil. Pouvez-vous me dire à
quelle heure le soleil se couche maintenant ? Quand
le soleil est le plus haut et quand ses rayons sont
le plus chauds il est midi. Minuit est le milieu
de la nuit. Le jour nous travaillions et nous
nous promenions, le soir nous lisions et la nuit
nous dormions. La nuit dernière je n'ai pas pu
dormir une heure. Ce soir je me coucherai aussitôt
après le souper. A Pâques les élèves et les maîtres
ont deux semaines de vacances. De toutes les
fêtes de l'année la Pentecôte est celle que (*tiu, kiun*)
je préfère. Mon frère saute très bien. Cet enfant
saute toute la journée. Le chant que vous chantiez
est très beau. Le chant est une occupation agréable.
On s'instruit beaucoup par la lecture.

DIX-SEPTIÈME LEÇON

Degrés de comparaison.

La kvar sezonoj.

iom post iom, *peu à peu.*

En unu jaro estas kvar sezonoj; ili estas la *printempo*, la *somero*, la *aŭtuno*, la *vintro*.

La printempo komenciĝas en marto, la somero en junio, la aŭtuno en septembro kaj la vintro en decembro.

En la komenco de la printempo la tago estas tiel longa kiel la nokto. Poste la tagoj fariĝas iom post iom pli longaj kaj la noktoj pli mallongaj, tial ke la suno leviĝas pli frue kaj subiras pli malfrue; ĝiaj radioj ekvarmigas la teron kaj vekas la naturon. Baldaŭ la arboj kovriĝas per folioj novaj kaj floroj, kaj la herbejoj kaj kampoj reverdiĝas. La birdoj konstruas siajn nestojn kaj kantas siajn gajajn kantojn.

La dudek-unua de junio estas la tago plej longa kaj la nokto plej mallonga. Tiam komenciĝas la somero. Nun la tagoj fariĝas iom post iom pli mallongaj kaj la noktoj pli longaj. La suno restas longe ĉe la ĉielo kaj ĝiaj radioj maturigas la fruktojn de la ĝardeno kaj de la kampoj. Oni sekigas la fojnon kaj oni rikoltas la grenon. La urbanoj iras por serĉi iom da malvarmeto en la montaron aŭ ĉe la marbordon, aŭ simple sur la kamparon, precipe apud la arbaroj.

La dudek-unuan de septembro la tago ree estas tiel longa kiel la nokto. Tiam komenciĝas la aŭtuno. La suno subiras pli kaj pli frue kaj leviĝas pli kaj pli malfrue. La tagoj fariĝas ree pli mallongaj kaj la noktoj pli longaj. En aŭtuno la kulturisto rikoltas la lastajn fruktojn kaj la ĉasisto ĉasas. La folioj de la arboj fariĝas flavaj kaj baldaŭ falos teren.

La dudek-unuan de decembro ni havas fine la tagon la plej mallongan kaj la nokton plej longan. Tio estas la vintro. La aero fariĝas ĉiam pli kaj pli malvarma. La kampoj kaj la herbejoj estas malplenaj kaj senhomaj; la arbaro estas nudigita kaj silenta; la tuta naturo ripozas sub neĝa kaj glacia mantelo. La vintro estas malgaja kaj peniga sezono; ĝi prezentas tamen kelkajn plezurojn: oni povas glitkuri, glitveturi, fari bulojn aŭ hometojn el neĝo, kaj tio estas tre amuza.

QUESTIONNAIRE

1. Kiom da sezonoj estas en la jaro? — 2. Kiuj estas la nomoj de la kvar sezonoj? — 3. Kiam ili komenciĝas? — 4. Kiaj estas la tago kaj la nokto en la komenco de la printempo? — 5. Kiaj fariĝas poste la tagoj? — 6. Ĉu la noktoj ankaŭ fariĝas pli longaj? — 7. Kial la tagoj fariĝas pli longaj? — 8. Diru tion, kion vi scias ankoraŭ pri la printempo. — 9. Kiam ni havas la tagon plej longan kaj la plej mallongan nokton? — 10. Kiaj fariĝas la tagoj en somero? — 11. Parolu pri la somero. — 12. Kiam la tago estas ree tiel longa, kiel la nokto? — 13. Kial la tagoj fariĝas pli kaj plimallongaj? — 14. Diru tion, kion vi scias ankoraŭ pri la aŭtuno. — 15. Kiam komenciĝas la vintro? — 16. Kiaj estas tiam la kampoj, la herbejoj kaj la arbaroj? — 17. Ĉu la vintro estas gaja sezono? — 18. Kiuj estas tamen la plezuroj de la vintro? — 19. Kiom da monatoj daŭras ĉiu sezono?

GRAMMAIRE

Comparatif. — En la komenco de la printempo la tago estas **tiel** longa **kiel** la nokto. En somero la tago estas **pli** longa **ol** la nokto, kaj la nokto estas **malpli** longa **ol** la tago.

— Le comparatif d'égalité se forme en traduisant *aussi... que* par **tiel... kiel**. Ex. : **Tiel riĉa kiel**... *Aussi riche que...*

— Le comparatif de supériorité se forme en traduisant *plus... que* par **pli... ol**. Ex. : **Pli granda ol**... *Plus grand que...*

— Le comparatif d'infériorité se forme en traduisant *moins... que* par **malpli... ol**. Ex. : **Malpli** maljuna **ol**... *Moins âgé que...*

Superlatif. — La dudek-unua de junio estas la tago **plej** longa kaj la nokto **plej** mallonga.

— Le superlatif relatif se forme en traduisant *le plus* par **plej** (*ou :* **la plej**) et *le moins* par **malplej** (*ou :* **la malplej**).

Ex. : Le plus riche, *la plej riĉa :* le moins heureux, *la malplej feliĉa.*

LEXICOLOGIE

Multaj urbanoj pasigas la someron sur la **kamparo** apud la arbaroj aŭ en la montaro.

— *Kamparo, arbaro* et *montaro* sont formés de *kampo,* champ ; *arbo,* arbre ; *monto,* mont et du suffixe **ar** qui exprime la réunion, la collection, le groupe. Ainsi : *Vortaro,* dictionnaire ; *demandaro,* questionnaire ; *manĝilaro,* le couvert (de table) ; *juĝantaro,* la magistrature ; *gazetaro,* la presse ; *ŝtuparo,* escalier.

Exercices oraux ou écrits.

— Mettez au comparatif d'égalité puis au comparatif de supériorité et employez dans de petites phrases :

Granda — bela — alta — nova — maljuna — atenta — ĝentila — mallonga — maldika — zorgema — ordema — nigra — larĝa — dika — mal-seka — longa — mallarĝa.

— Mettez au comparatif d'infériorité puis au superlatif et employez dans de petites phrases :

Malgranda — malalta — malbela — feliĉa — mal-feliĉa — senzorgema — senordema — varma — malvarma — bona — riĉa — malriĉa — malbona — kara — pinta — utila.

THÈME

En été les jours sont plus longs qu'en hiver parce que le soleil se lève plus tôt et se couche plus tard. Notre voisin est très riche ; il est plus riche que votre oncle. Aujourd'hui je me suis levé plus tôt que mon frère et je me coucherai plus tard que lui. Ce livre est plus beau mais moins intéressant que celui de Paul. Louise est plus jeune et plus petite que Louis, mais elle est plus studieuse que lui. Je suis aussi âgé et aussi grand que mon cousin Charles. N'avez-vous pas autant de livres que votre camarade ? Cet élève a autant de cahiers et de livres que son voisin. Les élèves les plus studieux font le plus de progrès. [C'est] en hiver [que] nous avons les jours les moins longs. Une charpente consiste en (*el*) poutres, comme un squelette consiste en os. Ce serrurier a perdu sa clientèle par (*pro*) sa négligence. Un groupe d' abeilles s'appelle un essaim, un groupe de fourmis une fourmilière , un groupe de chiens une meute, un groupe de bestiaux un troupeau. A quelle heure part le train (wagon, *vagono*) pour (*al*) Paris? Une série de questions forme un ques-tionnaire.

DIX-HUITIÈME LEÇON

Verbe impersonnel.

La vetero.

La vetero ne estas ĉiam sama ; ĝi ŝanĝiĝas laŭ la sezono kaj la klimato. En la mezeŭropaj landoj la vetero estas milda kaj varmeta dum la printempo. La ĉielo estas serena, la suno brilas en la ĉielo. kaj ĝiaj radioj varmigas la teron. Ofte ankaŭ estas vento kaj pluvas. Tiam oni diras, ke la vetero estas pluvema. La prujnojn oni devas ankoraŭ timi.

En la somero, ĝi estas varma, kelkafoje tre varma kaj eĉ varmega ; pluvas malofte kaj la tero estas seka. Kelkafoje la aero estas peza, la suno vualiĝas, kaj la ĉielo kovriĝas per dikaj nuboj. Fulmoj trairas la nubojn, kaj ni aŭdas la tondron ; ĝi estas fulmotondro. Baldaŭ la pluvo falas torente, ofte akompanata de hajlo. Se tiam la vento ekblovas ventege, tio estas ekventego.

En aŭtuno, la vetero fariĝas malvarmeta, la aero estas malseka kaj nebula. Dikaj nebuloj kovras la teron. La vento estas malagrabla kaj maldolĉa. Ĉirkaŭ la fino de la aŭtuno, oni vidas la arbojn kovritajn de prujno.

Vintre la ĉielo estas griza kaj oni vidas malofte la sunon. Neĝas kaj hajlas. La neĝo falas per dikaj flokoj kaj vestas la teron per blanka mantelo. La glacio kovras la lagetojn, la riveretojn kaj la riverojn. Se la tero frostiĝas, kaj se poste pluvas, la pluva akvo glaciiĝas kaj kovras la teron per pluvglacio. Tiam estas glitvetero.

La vetero estas malkonstanta kaj ŝanĝema, ĝi estas bela aŭ malbela, seka aŭ malseka, varma aŭ malvarma, varmeta aŭ malvarmeta, varmega aŭ malvarmega. La barometro montras la ŝanĝojn de la vetero, kaj la termometro la ŝanĝojn de la temperaturo; ĝi montras ankaŭ la varmgradon kaj la malvarmgradon.

QUESTIONNAIRE

1. Kia vetero estas hodiaŭ? — 2. Ĉu la vetero estas ĉiam sama? — 3. Kia estas la printempo? — 4. Ĉu estas varme aŭ malvarme dum la printempo? — 5. Ĉu pluvas? Ĉu la vetero estas pluvema? — 6. Ĉu ventas? (aŭ : ĉu estas vento?) — 7. Ĉu estas nuboj ĉe la ĉielo, aŭ ĉu la ĉielo estas serena? — 8. Kion oni vidas kaj kion oni aŭdas, kiam estas fulmotondro? — 9. Kiam estas nebuloj? — 10. Ĉu la vetero estas varma ĉirkaŭ la fino de la aŭtuno? — 11. Kio kovras kelkfoje la arbojn ĉe la fino de la aŭtuno? — 12. Kia estas la ĉielo dum vintro? — 13. Kio falas kaj kovras la teron? — 14. Ĉu ne estas kelkfoje pluvglacio? — 15. Por kio utilas (aŭ : servas) la barometro?... kaj la termometro?

GRAMMAIRE

Pluvas, neĝas kaj hajlas kune.

— Les verbes impersonnels ne prennent pas de sujet et le participe passé prend la forme adverbiále.

Ex. : Estas pluvinte, *il a plu.*

— La locution impersonnelle *il faut* se traduit par *estas necese, estas bezone : bezonas. necesas.*

LEXICOLOGIE

Se la vento ekblovas ventege, tio estas ekventego. Ĉu la vetero estas varmeta aŭ malvarmeta?

— Le préfixe **ek**, à l'opposé du suffixe **ad**, marque une action qui commence ou qui est momentanée.

Ex. : *Ekblovi,* commencer, se mettre à souffler ; *ekkrii,* s'écrier.

— Le suffixe **eg** est un augmentatif. **Et,** au contraire, est un diminutif.

Ex. : *Pluvo,* pluie ; *pluvego,* averse ; *bastono,* bâton ; *bastonego,* gourdin ; *ĉambreto,* chambrette ; *knabeto,* garçonnet.

VERSION

Mi eklernis esperanton. La arboj ekverdiĝas. Ni ekvidis niajn amikojn. La neĝo ekfalis per floketoj. La soldatoj ekdormis, sed la bruego de la pafilego (*aŭ :* de la kanono) ekvekis ilin. Pluvetas. Pluvegas. Paŭlo ekploregis kaj Petro ekridegis. Ni vidis belegan palacon en la urbeto. Ni faris festeneton sur la ŝtonego apud arbeto. La ĉielo fariĝis ruĝeta. La patrino ekridetis al sia infano. La trunketoj de la herbo estas jam sekaj. La infaneto havas piedetojn kaj manetojn, la leono havas buŝegon kaj piedegojn, kaj ungegojn. Riveretoj fluas al riveroj.

THÈME

Le vent a soufflé toute la nuit et je n'ai presque pas pu dormir. Ce matin il soufflait encore un peu et maintenant il ne souffle plus du tout. Le ciel était serein et le soleil brillait ; vers trois heures des nuages noirs cachaient le soleil ; de nombreux éclairs traversèrent les nuages et on entendit le tonnerre. Bientôt la pluie tomba à torrents. Il a plu pendant deux heures ; heureusement il n'a pas grêlé. Le printemps a été cette année très humide. Le temps était très variable à la fin de l'automne : la pluie, la neige et le vent se succèdaient. Si le froid dure encore un ou deux jours on pourra patiner. Hier il a fait beau et chaud ; aujourd'hui il fait mauvais et froid. Quel temps fera-t-il demain ? Le temps est incertain, il faut emporter un parapluie.

DIX-NEUVIÈME LEÇON

Prépositions : per, por, pro, pri.

La suno kaj la vento.

La aŭtuno estis alveninta, kaj la malvarmo komenciĝis. La suno kaj la vento, kiuj konkuris *pri* la supereco, ekvidis rajdanton preterirantan, kovritan *per* granda kaj dika mantelo. « Tiu homo, diris la vento, kredas, ke li havas nenion *por* timi de mi ; li forgesas, ke en momento mi povas forŝiri lian mantelon de liaj ŝultroj. »

— « Tio estus amuza vidaĵo por mi, respondis la suno, provu ; sed mi vetas, ke vi ne sukcesos, kaj ke mi devigos la vojaĝanton demeti sian mantelon. Faru vi tion, kion vi povas, dum mi restos kaŝita post la nuboj. » Tuj la vento blovas, blovegas, elradikigas la arbojn, forŝiras la tegmentojn de la domoj, dronigas la ŝipojn : ĉio tio *pro* mantelo. Sed li perdas vane sian tempon ; la rajdanto envolvigas sin tiel forte en sia varma vesto, ke li kontraŭstaras al la furioza vento.

Tiam la suno reaperas, ĝi dispelas la nubojn kaj alĵetas siajn radiojn sur la teron. La vojaĝanto malfermas unue la mantelon, poste, ĉar la varmo pligrandiĝas, li lasas ĝin gliti de siaj ŝultroj, kaj fine bukligas ĝin sur la ĉevalon.

Ofte oni ricevas pli per mildeco ol per violenco.

QUESTIONNAIRE

1. Pri kio estis temo en tiu ĉi leciono ? — 2. Kiou faris la suno kaj la vento ? — 3. Kion ili ekvidis ? — 4. Per kio estis kovrita la rajdanto ? — 5. Kion diris la vento, vidante tiun viron ? — 6. Kion respondis la suno al la vento ? — 7. Kie la suno restis kaŝita ? — 8. Kion faras tiam la vento ? — 9. Diru ĝiajn penadojn. — 10. Kial li faris ĉion tion ? — 11. Ĉu ĝi ne perdis sian tempon ? — 12. Kion faras tiam la rajdanto. — 13. Ĉu li kontraŭstaras al la furioza vento ? — 14. Kion faras la suno, kiam ĝi reaperas ? — 15. Kion faras tiam la rajdanto per sia mantelo ? 16. Kio estas la morala instruo de tiu leciono ?

GRAMMAIRE

La rajdanto estis kovrita **per** granda mantelo.

— La préposition **per** indique l'instrument, le moyen, avec lequel on fait quelque chose. Elle se traduit par : *avec, par, de, au moyen de.*

— Tio estus amuza **por** mi.

— **Por** indique l'intention, le but. Il se traduit par : *pour, dans l'intention de, en vue de.* Il peut se placer devant un infinitif, comme **pour** en français.

— La vojaĝanto demetis sian mantelon **pro** la varmo.

— **Pro** indique la cause, le motif. Il se traduit par : *pour, à cause de, de.*

— En tiu ĉi leciono estas temo **pri** la suno kaj la vento.

— **Pri** veut dire : *au sujet de.* Il se traduit souvent par : *de, sur, pour.*

LEXICOLOGIE

La suno kaj la vento konkuris pri la super**eco**.

— Le suffixe **ec** marque la qualité et sert à former des noms abstraits.

Ex. : *Infaneco,* enfance ; *juneco,* jeunesse ; *beleco,* beauté ; *boneco,* bonté ; *dolĉeco,* douceur ; *saĝeco,* sagesse.

Exercices oraux ou écrits.

Formez des substantifs abstraits en ajoutant le suffixe **ec** aux mots suivants, et employez-les dans de petites phrases :

Maljuna — varma — malvarma — kara — blanka — longa — larĝa — alta — bona — utila — necesa — ĝentila — justa — oportuna — saĝa — trankvila — sana — pura — firma — gaja — kontenta — libera — proksima.

THÈME

On peut écrire avec un crayon ou avec de l'encre et une plume. Je ferai les lignes à l'encre rouge. Le menuisier scie le bois avec une scie. La couturière coud avec une aiguille et du fil. Ma chambre est éclairée par une lampe électrique. Leur sœur était vêtue d'une robe noire. J'ai vu cela de mes propres yeux. J'ai acheté un livre pour mon frère. Voici la clé pour la nouvelle serrure. Donnez-moi ce dont on a besoin pour écrire. Pour progresser, les élèves ont besoin d'attention.

Mon ami n'est pas venu à cause de la pluie. Le chien s'enfuit de peur. Nous [n']avons pu rien voir à cause de l'obscurité. Paul a été puni à cause de son bavardage. Je vous remercie de votre beau cadeau. Mon oncle m'a parlé de mes parents et de son voyage. Dans la maison d'un pendu ne parlez pas de corde. Le maître m'a interrogé sur la conjugaison. Mon oncle enseigne lui-même l'esperanto à ses fils et filles. Mon cousin m'a informé de l'arrivée de nos grands-parents. Le savon n'a pas de blancheur par lui-même et cependant il blanchit. Les petits présents entretiennent l'amitié. L'oisiveté est la mère de tous les vices. Si la jeunesse s'amuse, la vieillesse a faim. Je ne connaissais pas la profondeur de la rivière.

VINGTIÈME LEÇON

Manière de traduire : à.

La domo.

Unue la homoj loĝis en kavernoj; poste ili konstruis kajutojn; nun ili loĝas en domoj, kasteloj aŭ palacoj.

Mia onklo jus konstruis modernan domon. Ĝi havas teretaĝon kaj ses etaĝojn kun mansardoj kaj subtegmenta loko. Jen ĝi estas. Se vi deziras, ni tuj vizitos ĝin. La enirejo estas larĝa kaj bela; dekstre kaj maldekstre estas du magazenoj kun grandaj montraj fenestroj. Ili ne estas ankoraŭ luitaj. Tie ĉi estas la pordo de la kelo, kie oni konservas la vinon, la karbon kaj aliajn provizojn. Kontraŭe, vi vidas la loĝion de la pordisto, kaj la lifton, per kiu oni povas supreniri ĝis la sesa etaĝo. Tie estas la ŝtuparo kun ĝia balustrado el forĝita fero. Ĉu ĝi ne estas bela ŝtuparo? Ni supreniru al la unua etaĝo. Jen ni alvenas sur la placeto. Vi vidas du pordojn, unu dekstre kaj unu maldekstre, tial ke estas du loĝejoj. Ĉiuj loĝejoj estas luitaj. Mia patro luis tiun ĉi, ĉar ni devas transloĝi. Ni ekloĝos la dekkvinan de julio. Mia patro pagos luprezon da dumil okcent frankoj.

Eniru ni tien. La antaŭĉambro ne estas tre granda, sed ĝi estas tre bela, kaj oni tion ne trovas ĉie. La aliaj ĉambroj estas vastaj kaj altaj. Ili estas sep: salono, manĝoĉambro, du dormoĉambroj, skribejo por mia patro, banejo kaj kuirejo. Estas akvo kaj gaso en la kuirejo kaj elektro en ĉiuj ĉambroj, kiujn hejtas la vaporo.

Ĉu vi vin demandis, kiom da diversaj laboristoj oni bezonas por konstrui domon? Ne, ĉu ne vere? Nu, mi tuj diros ĝin al vi, ĉar mi sekvis la konstruadon dum la tuta daŭro kun multe da atento.

Lerta arĥitekturisto desegnis la planon de la domo. La masonisto konstruis la murojn per ŝtonoj, brikoj kaj mortero, kiun li faris mem el kalko, sablo kaj akvo. La muroj estas ja vertikalaj kaj kuŝas sur fundamentoj firmaj kaj profundaj. La ĉarpentisto starigis unue trabaĵon; poste li lokis la trabojn de la plafonoj kaj la ĉarpenton de la tegmento, kiun la tegmentisto tegis per ardezaj teguloj. La defluilo kaj la akvotuboj kaj gastuboj estis metitaj de la plumbisto. La lignaĵisto faris la pordojn, la fenestrojn, la fenestrajn kovrilojn, la plankojn kaj la ŝtuparon. La seruristo almetis la serurojn, la riglilojn, kaj la balustradon de la ŝtuparo, kaj la vitraĵisto algluigis la vitraĵojn de la fenestroj. La pentristo pentris la plafonojn kaj la kuirejon, la pordojn kaj la fenestrojn, kaj la tapetisto tapetis la murojn per kolorigitaj paperoj. Fine la elektristo aranĝis la elektron; ĝi estas tre oportuna; oni bezonas nur turni butonon por havi lumon. Ankaŭ la elektristo aranĝis la telefonon.

QUESTIONNAIRE

[1. Kie loĝis unue la homoj? — 2. Kie ili loĝis poste? — 3. Kie ili loĝas nun? — 4. Parolu pri la domo, kiun via onklo ĵus konstruis? — 5. Kia estas la enirejo? — 6. Kio estas dekstre kaj maldekstre? — 7. Ĉu tiuj magazenoj estas jam luitaj? — 8. Kion oni konservas en la kelo ? — 9. Ĉu estas lifto en la domo ? — 10. Kiom da loĝejoj estas sur ĉiu etaĝo? — 11. Kiam vi ekloĝos? 12. Kiuj estas la diversaj ĉambroj de via loĝejo ? — 13. Kiuj estas la diversaj laboristoj, kiujn oni bezonas por konstrui domon ? — 14. Kion faras la arĥitekturisto ?... la masonisto ?... la ĉarpentisto ? — 15. Kiu faras la pordojn kaj fenestrojn ? — 16. Ĉu la seruristo faras nur serurojn ? — 17. Kion faras la pentristo kaj la tapetisto ? — 18. Kiu arangas la akvotubojn kaj gastubojn ? — 19. Kion faras la elektristo ?

GRAMMAIRE

Mi iris al la urbo ; mia amiko atendis min ĉe la pordo, kaj je la oka ni iris kune en la teatron.

A se traduit par **al** dans le sens de *vers,* par **ĉe** dans le sens de *auprès de,* par **en** dans le sens de *dans* et par **je** pour marquer l'heure.

A remarquer cependant les locutions suivantes : N'avoir rien à manger, *havi nenion por manĝi ;* boire à la source, *trinki el la fonto ;* à la campagne, *sur la kamparo ;* à demain, *ĝis morgaŭ ;* au revoir, *ĝis la revido.*

LEXICOLOGIE

Jen estas la enirejo de la loĝejo.

— Le suffixe **ej** marque le lieu où l'on fait quelque chose.

Ex. : *La lernejo,* l'école ; *la vendejo,* le marché ; *la sonorilejo,* le clocher ; *la soldatejo,* la caserne.

Exercices oraux ou écrits.

VERSION

La domo en kiu oni lernas, estas lernejo. La loĝejo estas la loko, kie oni loĝas. La enirejo estas la loko, tra kiu oni eniras. En la bierfarejo oni faras bieron ; en la biervendejo, oni vendas bieron.

Oni flegas la malsanulojn en la malsanulejoj. Mia patrino havas multajn kokinojn en sia kokejo. Bonvolu montri al mi la necesejon. Oni konservas la vestojn en la vestotenejo, kaj la veturilojn en la veturilejo. Promenejo ne estas la sama afero, kiel promenado. En la varmejo oni kulturas palmojn kaj aliajn sudajn kreskaĵojn. Magazeno, en kiu oni vendas cigarojn, aŭ ĉambro, en kiu oni tenas cigarojn, estas cigarejo.

THÈME

La maison dans laquelle on prie est une église. Le cuisinier est assis dans la cuisine. La maison de mes grands-parents n'est ni un château ni une hutte. C'est une maison modeste à deux étages et très bien distribuée. Au (*sur*) rez-de-chaussée il y a le salon, le petit salon, la salle-à-manger et une grande cuisine. Un escalier en pierre conduit à la cave où mes grands-parents conservent leur vin et leur charbon. On monte aux étages supérieurs par un large escalier en bois. Au (*sur*) premier étage il n'y a que deux chambres à coucher avec des cabinets de toilette, une salle de bain et le cabinet de travail de mon grand-père. Au deuxième étage il y a quatre chambres à coucher pour mes parents, mes frères et sœurs et moi. Toutes les chambres de la maison de mes grands-parents ont de grandes fenêtres et sont vastes et hautes. Sous le toit il y a quatre petites chambres pour les domestiques.

— Faites la description de votre appartement.

VINGT-ET-UNIÈME LEÇON

Revision des prépositions.

Mia ĉambro.

Mia ĉambro ne estas tre granda, sed ĝi estas tre beleta kaj agrabla. Ĝi havas kvar metrojn da longeco, tri metrojn da larĝeco kaj tiom da alteco. Bela papero helrozkolora kovras la murojn, kaj la fenestro rigardas la ĝardenon de la najbaro.

Maldekstre de la pordo, en la angulo, troviĝas la lito, en kiu mi dormas ĉiam bone. Antaŭ la lito troviĝas sur la planko, kiel piedtapiŝo, bela ŝakalfelo. Flanke de la lito troviĝas la noktotablo, sur kiun mi metas mian lampon kaj mian vekhorloĝon, kaj la tualettablo, antaŭ kiu mi faras mian tualeton. Super la tualettablo estas kroĉita malgranda spegulo. Kontraŭe de la lito estas la fenestro, tra kiu la suno alkrias al mi matene frue: « tempo estas por leviĝi! »

Flanke de la fenestro troviĝas maldekstre ŝranko, en kiun mi pendigas la vestojn, kaj dekstre tablo, sur kiu mi laboras vespere kaj matene. Super la tablo estas kroĉita librobreto, sur kiu staras miaj libroj. Ne estas kameno en mia ĉambro, sed en angulo estas malgranda forno el fajenco, kiu hejtas mian loĝejon en vintro. Ĉe la muroj estas kroĉitaj la portretoj de miaj gepatroj kaj karto de Francujo, kiun mia baptopatro donacis al mi por la lasta datreveno de mia naskotago.

QUESTIONNAIRE

1. Kia estas via ĉambro ? — 2. Kiom longa ĝi estas ? (*aŭ :* kiom da longeco ĝi havas ?) — 3. Kiom da larĝeco kaj da alteco ĝi havas ? — 4. Kia papero kovras la murojn ? — 5. Kien rigardas la fenestro ? — 6. Kio estas en via ĉambro ? — 7. Kie estas via lito ? — 8. Kio estas antaŭ via lito ? — 9. Kio troviĝas apud via lito ? — 10. Kion vi metas sur la noktotablon ? — 11. Kion vi faras antaŭ via tualettablo ? — 12. Kie troviĝas via spegulo ? — 13. Kio estas kontraŭe de via lito ? — 14. Kio estas dekstre kaj maldekstre de la fenestro ? — 15. Kio estas kroĉita super la tablo ? — 16. Ĉu estas kameno aŭ forno en via ĉambro ? — 17. Por kio utilas (servas) tiu forno ? — 18. Kiuj estas la portretoj kroĉitaj ĉe la muro ? — 19. Kiu donacis al vi karton de Francujo ? — 20. Pro kia okazo via baptopatro donacis al vi tiun karton ?

GRAMMAIRE

Prépositions. — Les principales prépositions sont : **al**, à, vers ; **apud**, à côté de, près de, auprès de ; **antaŭ**, avant, devant ; **anstataŭ**, au lieu de ; **ĉe**, chez, à ; **ĉirkaŭ**, autour de, environ ; **da**, de (après un mot exprimant une quantité, une mesure, un poids) ; **de**, de, par, depuis ; **dum**, pendant ; **ekster**, hors de ; **el**, de (sortie, origine, matière) ; **en**, en, à, dans ; **ĝis**, jusqu'à ; **kontraŭ**, contre, en face de ; **krom**, hormis ; **kun**, avec ; **laŭ**, selon, d'après ; **malgraŭ**, malgré ; **per**, par, au moyen de ; **por**, pour, en vue de ; **post**, après, derrière ; **preter**, outre ; **pri**, de, au sujet de, quant à ; **pro**, pour, à cause de ; **po**, à raison de, au taux de ; **sen**, sans ; **sub**, sous ; **super**, au-dessus de ; **sur**, sur (dessus) ; **tra**, à travers, par ; **trans**, au delà de ; **je**, à, pour indiquer l'heure. (Voir p. 9).

VERSION

La lernantoj ne iris hieraŭ en la lernejon, ili iris en (snr) la kamparon kun ilia instruisto, sed sen libroj kaj kajeroj. Anstataŭ libroj estis manĝaĵoj en iliaj sakoj. Ili promenis kaj ludis dum la tuta tago, de la sepa matene ĝis la oka vespere. Ĉiuj ĉeestis, krom Paŭlo, kiu ne povis veni pro la malsano de sia patrino. Krom la lernantoj kaj la instruisto estis ankaŭ servanto por okazo de bezono. La servanto marŝis antaŭ la lernantoj kaj la instruisto post ili. Ili iris unue tra la herbejo kaj alvenis al la malnova ponto, per kiu ili iris trans la rivero ĝis la arbaro. Ili ne marŝis laŭ vicoj sed kuris laŭ sia plaĉo. Ili haltis por la tagmanĝo apud fonto, kiu eliras el la tero sub densa foliaro. Malgraŭ la varmo tie estis malvarmete kaj agrable. Ili sidiĝis ĉirkaŭ la fonto, elmetis la provizojn el la sakoj kaj manĝis kun granda apetito. Super la fonto staras vasta ŝtonego, de kiu oni ĝuas belegan vidaĵon. La lernantoj grimpis sur la ŝtonegon por ĝui la vidaĵon. Ĉirkaŭ la kvara horo, oni reiris. Kiam oni alvenis ekster la arbaro, oni aĉetis ĉe vilaĝano dek litrojn da lakto po dudek centimoj. La tago pasiĝis sen pluvo kaj sen ia malfeliĉeto kaj ĉiuj reeniris ĉe la gepatrojn je la oka.

THÈME

Les élèves mettent leurs livres sur la table. Le cahier de Charles est tombé sous le banc. En été il fait plus chaud qu'en automne. Y a-t-il encore assez d'encre dans votre encrier? Mettez cette chaise devant la table. Le printemps vient avant l'été. J'ai écrit hier à mon cousin. Il alla à la fenêtre et regarda dans la cour. Sur la cheminée vous voyez une pendule en bronze. Au-dessus de ma table de travail est accroché un calendrier. Pendant le jour nous travaillons et pendant la nuit nous dormons. Prenez un morceau de craie et écrivez au tableau. La maison de mon oncle a coûté environ 60.000 francs. Nous restons à la maison jusqu'à 6 heures. En face de notre maison il y a un beau château. J'ai acheté deux douzaines de plumes à raison de 10 centimes les trois. Je vais avec mes parents au bord de la mer. Nous sortions tous les jours malgré le mauvais temps. Après l'automne vient l'hiver. On ne peut pas écrire sans plume ou crayon. Le vent soufflait à travers les portes de la maison. On a besoin d'eau pour se laver. On parla de vous et de votre chère famille qui demeure au-delà de la montagne. Outre le salon et la salle à manger il y a un grand cabinet de travail au rez-de-chaussée de notre maison.

Phrases usuelles.

Où allez-vous ?	Kien vi iras ?
Que désirez-vous ?	Kion vi deziras ?
Combien coûte ce livre ?	Kiom kostas tiu ĉi libro ?
Quel est votre nom ?	Kia estas via nomo ?
Comment vous appelez-vous ?	Kiel vi nomiĝas ?
Êtez-vous membre de notre groupe ?	Ĉu vi estas ano de nia grupo ?
Connaissez-vous ce monsieur ?	Ĉu vi konas tiun sinjoron ?
M. B. est-il arrivé ?	Ĉu S-ro B. alvenis ?
Je suis enchanté d'avoir fait votre connaissance.	Mi ĝojas, ke mi konatiĝis kun vi.

VINGT-DEUXIÈME LEÇON

Le participe passif.

La homo kaj la homa korpo.

La instruisto estas viro, la lernanto estas knabo;
la instruistino estas virino, la lernantino estas
knabino. La viro, la knabo, la virino kaj la knab-
ino, la fraŭlo kaj la fraŭlino estas homoj.

La korpo de la homo estas kovrita per haŭto.
Sub la haŭto estas la karno, la muskoloj, la nervoj
kaj la ostoj. La korpo konsistas el tri partoj : la
kapo, la trunko kaj la membroj.

La kapo enhavas la kranion kaj la vizaĝon. La
kranio, tio estas la posta kaj la supra parto de la
kapo, estas osta kesto, kiu enhavas kaj ŝirmas la
cerbon ; ĝi estas kovrita per haroj brunaj, blondaj,
nigraj, kaŝtankoloraj, flavruĝaj aŭ blankaj.

La vizaĝo enhavas la frunton, la okulojn, la nazon,
la orelojn, la vangojn, la buŝon kaj la mentonon.
La nazo estas super la buŝo ; ĝi estas rekta, pinta
aŭ kurba ; ĝi havas du naztruojn, kaj la buŝo havas
du lipojn, unu supran lipon, kaj unu malsupran
lipon. La knaboj kaj la viroj havas barbon je la
mentono kaj lipharojn sub la nazo. Super la okulo
estas la brovoj, kiuj protektas ĝin. La okulo estas
ankaŭ protektata de la okulharoj. La okulo havas
la formon ovalan, tio estas formo de ovo. Ĝi pre-
zentas parton blankan, la okulan blankaĵon, kaj
rondon brunan, grizan, verdan aŭ bluan ; tio estas
la iriso. En la mezo estas nigra punkto : la pupilo.

En la buŝo troviĝas la dentoj kaj la lango. La supro de la buŝo estas la palato kaj en la fundo estas la palata vualo kaj la gorĝo.

QUESTIONNAIRE

1. Pri kio estas la temo de tiu ĉi leciono? — 2. Kio estas homo? — 3. Kia diferenco estas inter la viro kaj la virino? — 4. De kio la korpo estas tegita? — 5. Kio estas sub la haŭto? — 6. Kie estas lokita la kranio? — 7. De kia koloro povas esti la haroj? — 8. Nomu la diversajn partojn de la vizaĝo. — 9. Por kio utilas aŭ servas la buŝo kaj la nazo? — 10. Ĉu vi havas barbon kaj lipharojn? — 11. Diru kion vi scias pri la okuloj. — 12. Kie troviĝas la dentoj kaj la lango? — 13. Kio estas la palato? — 14. Kio estas en la fundo de la buŝo? — 15. Kion vi faras per la dentoj?

GRAMMAIRE

La kapo estas **kovrita** per haroj. La okulo estas **protektata** de la brovoj.

Estas kovrita et *estas protektata* sont des formes passives ; l'action exprimée par les verbes *kovri* et *protekti* est supportée par le sujet.

— La forme passive du verbe s'obtient en ajoutant au verbe être — seul auxiliaire en esperanto — le participe passif.

— Le participe passif se termine en **ita**, pour marquer un *fait accompli* et en **ata**, pour marquer que le fait est *en train de s'accomplir, de devenir* accompli.

Ex. : La pordo estas fermita. *La porte est fermée (elle l'est).* Je la deka horo la pordo estas fermata. *A dix heures la porte est fermée (on la ferme).*

— Le participe passif s'accorde avec le sujet tout comme un adjectif.

Ex. : La okuloj estas protektataj de la brovoj.

— *Par* et *de* après un verbe passif se traduisent par **de** ou **per** selon qu'on veut désigner l'auteur de l'action ou l'instrument, a manière.

Ex. : Li estas estimata de siaj amikoj. *Il est estimé de ses amis.* — La tegmento estis kovrita de la tegmentisto per tegoloj. *Le toit a été couvert de tuiles par le couvreur.*

VERSION

Multaj maljunaj arboj estis rompitaj de la ventego. Tiu domo estas konstruata de mia onklo. En Germanujo la domoj estas ofte konstruitaj per (*ou :* el) brikoj. Abelo estis mortigita de sia frato Kajeno. Romo estis fondita de Romulo. Dario estis venkita de Aleksandro. Mia ĉambro estas ornamita per pentraĵoj. La korbo estis plenigita de la ĝardenisto per fruktoj. La tero, dum la vintro, estas kovrita de neĝo. La suno subiris kaj la ĉielo estis kiel superverŝita per fandita oro. Tiu sinjoro estas konata de neniu el ni. La lago estas ĉirkaŭita de kanoj. La ĝardeno estis ĉirkaŭita de la posedanto per alta muro. Nia korpo estas protektata kontraŭ la malvarmo per niaj vestoj. La tero estas varmigita de la suno. Morgaŭ estos festata la nacia festo kaj la stratoj estos ornamitaj per flagoj.

THÈME

La leçon est expliquée par le maître et apprise par l'élève. Le devoir est fait par l'élève et corrigé par le maître. Cette maison a été construite par mon oncle. Elle est couverte de tuiles et éclairée par l'électricité. Toute ma famille sera réunie demain ; nous célébrerons l'anniversaire de naissance de mon grand-père. Trois nouveaux élèves ont été inscrits par le maître. Aimez les autres et vous serez aimé d'eux. N'avez-vous pas été invité par votre voisin ? Si le devoir de Paul n'est pas fait et si sa leçon n'est pas sue, il sera puni par son professeur et par ses parents. Les orages sont annoncés par le baromètre. En hiver la terre est couverte d'un manteau de neige. Tous ces livres m'ont été donnés par mon parrain. L'Amérique fut découverte par Christophe Colomb.

Aller, venir de — soit, tantôt, ni.

La trunko kaj la membroj.

La trunko de mia korpo estas kunigita kun la kapo per la kolo. La antaŭaĵo de la kolo nomiĝas la gorĝo, kaj la postaĵo la nuko.

La trunko enhavas antaŭe la ŝultrojn, la bruston, la ventron kaj la subventron. Ĉe la du flankoj troviĝas la ripoj kaj la koksoj. Super la koksoj estas la zono aŭ talio. Post la trunko estas la skapoloj kaj la dorso.

En la brusto estas la pulmoj kaj la koro, kaj en la ventro estas la hepato, la stomako kaj la intestoj. La koro batas kaj sendas la sangon en ĉiujn partojn de la korpo. La sango rondiras en la arterioj kaj en la vejnoj.

La membroj estas kvar ; tio estas : du brakoj kaj du kruroj. La brakoj estas kunigitaj kun la trunko per la ŝultroj. Meze de la brakoj estas la kubutoj. Ni povas fleksi la brakojn. Fine de la brakoj estas la manoj. Ĉiu mano havas kvin fingrojn, kiuj estas ŝirmitaj per ungoj. Ni uzas la brakojn, la manojn kaj la fingrojn por labori.

La kruroj estas kunigitaj kun la trunko per la koksoj. La supro de la kruro nomiĝas femuro ; super la genuo kaj malantaŭe estas la suroj aŭ tibikarnoj. Ni povas fleksi la krurojn kaj surgenuiĝi. Malsupre de la kruro estas la piedo ; ĝi enhavas la kalkanon kaj la piedfingrojn.

La kruroj kaj la piedoj ebligas nin stari, paŝi,
kuri, danci kaj salti. La homo, kiu ne povas uzi
la krurojn, estas paralizito.

QUESTIONNAIRE

1. Per kio la kapo estas kunigita kun la trunko ? — 2. Kiuj
estas la diversaj partoj de la trunko ? — 3. Kie troviĝas la ripoj
kaj la koksoj ? — 4. Ĉu la dorso troviĝas antaŭe aŭ poste ? —
5. Kie estas la talio ? — 6. Kio estas en la brusto ? — 7. Diru,
kion vi scias pri la koro. — 8. Kiom da membroj vi havas ? —
9. Kio kunigas la brakojn kun la trunko ? — 10. Kio estas la
kubutoj ? — 11. Kiom da fingroj vi havas en ĉiu mano ? —
12. Per kio la fingroj estas ŝirmitaj ? — 13. Por kio utilas al ni
la brakoj, la manoj kaj la fingroj. — 14. Ĉu ni povas fleksi la
brakojn kaj la krurojn? — 15. Kiom da fingroj vi havas en la
ambaŭ piedoj ? — 16. Kion vi povas fari per la kruroj kaj piedoj?
17. Kiel oni nomas homon, kiu ne povas uzi siajn krurojn ?

GRAMMAIRE

Aller, venir de — soit, tantòt, ni répétés.

— Les verbes français *aller* et *venir* sont souvent joints à un
autre verbe et jouent le rôle d'auxiliaires. Dans ce cas *aller* se
traduit par **tuj** et *venir de* par **ĵus** ; l'infinitif qui suit se rend
par un temps personnel, futur ou passé.

Ex. : Je vais lui écrire. *Mi tuj skribos al li.* — Mon ami vient
d'arriver. *Mia amiko ĵus alvenis.*

— *Soit... soit* se traduit par **ĉu... ĉu**, *tantòt... tantòt* par
jen... jen et *ni... ni* par **nek... nek.**

Ex. : Soit aujourd'hui, soit demain. *Ĉu hodiaŭ, ĉu morgaŭ ;*
Le temps est tantòt beau, tantòt mauvais. *La vetero estas jen
bela, jen malbela.* — Il n'a ni argent, ni ami. *Li havas nek
monon, nek amikon.*

Exercices oraux ou écrits.

VERSION

Ni tuj lernos esperanton. Miaj amikoj ĵus eliris.
Miaj haroj estis ĵus tonditaj de la frizisto (aŭ : komb-
isto) de mia frato. Ĉu vi kredas, ke via patrino tuj

reeniros ? La parolado estis jus finita, kiam mia kuzo alvenis. La ĉielo estas jen blua jen griza. La vetero estas jen varma jen malvarma. La vetero povas esti ĉu bela ĉu malbela, mia patro promenas ĉiutage. La instruisto estas ĉirkaŭita de la lernantoj. La maljunulo estis vestita per ĉifonoj. La generalo estis mortigita per kuglo pafita de vilaĝano. La supo estis preparita de la kuiristino. Mi jus legis tiun libron kaj mi tuj pruntedonos ĝin al mia kamarado. Tiu libro estis donacita al mi de mia onklino. Tiu pentraĵo estis pentrita de mia kuzo. La gardeno estis jus purigita de la gardenisto. Mi tuj klarigos ĝin al vi.

THÈME

Les doigts des pieds comme les doigts de la main sont protégés par des ongles. Le pauvre homme vient d'être mordu à la jambe par le chien de notre voisin. Quand nos yeux sont fermés, nous ne pouvons pas voir. Le cerveau est protégé par le crâne. Il remuait tantôt les bras, tantôt les jambes. Nous respirons par les poumons. Le menton du vieillard était couvert d'une belle barbe blanche. Je n'ai ni frères ni sœurs ; je suis fils unique. Ces enfants ont de grosses joues fraîches. Nous partirons soit demain, soit après-demain. Ouvrez la bouche et montrez votre langue. Je suis heureux de vous voir ; j'allais vous écrire. Le sang circule dans les veines et dans les artères. Cet homme est très laid : il a une grosse tête, de petits yeux, un long nez, une grande bouche avec de grosses lèvres et de petites oreilles.

VINGT-QUATRIÈME LEÇON

Manières de traduire : même.

Portreto de amiko.

eble, *peut-être* tamen, *pourtant, néanmoins*

Mia amiko estas dektrijara, kiel mi. Li estas pli malgranda ol granda laŭ sia aĝo. Li estas nek dika, nek maldika, sed li estas sufiĉe forta. Li havas larĝan frunton, nigrajn okulojn, brunajn harojn, rektan kaj pintan nazon, freŝajn vangojn, mezgrandan buŝon, iom longajn orelojn kaj rondan mentonon. Lia kolo estas longa, liaj ŝultroj kaj lia brusto estas iom larĝaj, kaj liaj brakoj estas fortikaj. Li ne estas mallerta per fingroj kaj manoj. Li estas facilmova per la kruroj kaj piedoj ; li grimpas kiel kato, kaj li saltas kaj kuras kiel kapreolo. Tiel li estas ĉiam la unua pri la gimnastiko.

Li amas la laboron, sed li ne forgesas ankaŭ la ludon. En la lernejo, li estas diligenta kaj atenta, sed li ne povas ĉiam sin deteni de babilado, kaj li estas kelkafoje riproĉita kaj eĉ punita.

Li estas aminda, kompleza kaj servema al siaj kamaradoj kaj amikoj, kaj obeema al siaj gepatroj, sed tiuj ĉi ne estas ĉiam kontentaj je li, ĉar li estas kelkafoje neĝentila kaj li ne estas ĉiam afabla al siaj fratinoj. Tamen li amas ilin multe.

Vi vidas, ke mia amiko havas multajn bonajn ecojn ; li havas eble kelkajn malgrandajn malbonaĵojn, sed li havas nenian malvirton.

QUESTIONNAIRE

1. Kioman aĝon havas via amiko ? — 2. Ĉu li estas granda aŭ malgranda laŭ sia aĝo ? — 3. Ĉu li estas dika aŭ maldika, forta aŭ malforta ? — 4. Diru kiel estas lia vizaĝo. — 5. Ĉu li havas longan aŭ mallongan kolon ? — 6. Ĉu liaj ŝultroj kaj lia brusto estas larĝaj ? — 7. Ĉu li estas lerta aŭ mallerta per siaj manoj ? — 8. Ĉu li estas facilmova per siaj kruroj ? — 9. Ĉu li amas la laboron ? — 10. Kiel li kondutas en la lernejo ? — 11. Ĉu li ne kelkafoje babilas kaj ludas ? — 12. Kio okazas al li pro tio ? — 13. Kia li estas kontraŭ la kamaradoj kaj amikoj ? — 14. Ĉu li estas obeema al la gepatroj ? — 15. Ĉu li estas ĉiam afabla al la fratinoj ? — 16. Ĉu li ne amas ilin ? — 17. Kial liaj gepatroj ne estas ĉiam kontentaj je li ? — 18. Ĉu li havas malvirtojn ?

GRAMMAIRE

Manières de traduire **même**.

— *Même*, adjectif, suivi d'un substantif se traduit par **sama.**

Ex. : Nous demeurons dans la même rue. *Ni loĝas en la sama strato.* — Ils ont les mêmes habitudes. *Ili havas la samajn kutimojn.*

— *Même* adverbe se traduit par **eĉ**.

Ex. : Même les gendarmes pleuraient. *Eĉ la gendarmoj ploris.* Je ne pouvais même pas écrire. *Mi ne povis eĉ skribi.*

— *Même* après un *pronom* ou un *nom* se traduit par **mem.**

Ex. : Il ira lui-même. *Li iros mem.* — Le jour même de son arrivée. *La tago mem de lia alveno.*

LEXICOLOGIE

Tiu fraŭlo estas tre am**inda**.

— *Aminda* est formé du verbe *ami*, aimer, et du suffixe **ind**, qui signifie être digne de, mériter de.

Ex. : Kredi, *croire ;* kred**inda**, *digne d'être cru.* — Laŭdi, *louer ;* laŭd**inda**, *digne d'éloges, louable.* — Kompato, *pitié ;* kompat**inda**, *digne de pitié.*

Exercices oraux ou écrits

VERSION

Mi ne havas la saman aĝon kiel mia amiko. Ĉiuj homoj ne havas la samajn ecojn. Tiu sinjoro ne estas tre estiminda. La mallaboremaj lernantoj estas riproĉindaj kaj eĉ punindaj. Ĉiuj ĉeestis, eĉ miaj geavoj. Mia patrino mem invitas vin. La reĝo mem eldiris tiujn memorindajn parolojn, kiuj estis cititaj de ĉiuj gazetistoj. Zamenhofo estas honorinda de la tuta homaro. Vi estas mallaŭdinda, ĉar vi faras ĉiam la samajn erarojn. Mi ĵus ricevis la saman libron, kiel mia kamarado. Mia frato aĉetis saman ĉapelon, kiel lia amiko. Ĉu vi tradukis mem tiun taskon? Mi ne povis eĉ du vortojn kompreni. Li alportis mem sian vizitkarton. La horo de Parizo ne estas la sama, kiel tiu de Berlino. Li ne volis atendi eĉ unu minuton.

THÈME

J'avais un ami. Nous étions nés la même année, le même mois et le même jour. Nous allions à la même école ; nous étions de la même classe et nous avions les mêmes camarades. Allez vous-même lui dire de venir. Cet homme n'est pas digne de foi ; on ne peut pas croire ce qu'il dit, même s'il dit la vérité. Soyez toujours aimable envers (al) les autres et ils le seront envers vous. Les femmes, les vieillards et les enfants même ne furent pas épargnés. Ma mère est morte l'année même de ma naissance. Le danger était si grand, que même les plus braves hésitaient un instant. Le feu s'est propagé si rapidement qu'on n'a même pas pu sauver les meubles. Si vous voulez qu'on vous loue, soyez dignes d'être loués. La lettre que ce jeune homme a écrite à son père n'est pas digne d'être lue ; elle n'est même pas lisible. Ce meuble est admirable.

VINGT-CINQUIÈME LEÇON
Le participe actif.

La kvin sentoj.

Mi havas du okulojn, okulon dekstran kaj okulon maldekstran. Mi povas fermi kaj malfermi la okulojn. Mi vidas la libron sur la tablo, la inkujon enhavantan la inkon kaj la plumingon entenantan la plumojn. Mi vidas ĉiujn objektojn, kiuj estas ĉirkaŭ mi. La okuloj, per kiuj mi povas vidi, estas la organoj aŭ la iloj de la vido. Mi ploras ankaŭ per la okuloj. Ferminte la okulojn, mi povas vidi nenion.

Mi havas du orelojn. Per la oreloj mi povas aŭdi. Mi aŭdas la sonoron de la sonorilo, la voĉon de miaj amikoj, la muzikon kaj la kanton de la birdoj. La oreloj, per kiuj mi povas aŭdi, estas la organoj aŭ la iloj de la aŭdado. Kion vi vidas? Kion vi aŭdas?

Per la nazo ni flaras la odoron de la floroj kaj la odoron de la gaso. La rozo odoras bone, ĝi havas bonan kaj agrablan odoron. La nazo estas la ilo de la flarado. Mi spiras ankaŭ kaj mi ternas per la nazo.

Per la lango kaj la palato mi gustumas tion, kion mi manĝas. Mi sentas, ke la sukero estas dolĉa kaj la biero maldolĉa. La lango kaj la palato estas la iloj de la gustumado.

Per la fingroj mi povas tuŝi kaj palpi la objektojn. Mi sentas, ke la ligno estas malmola, ke la karno estas mola ; mi sentas, ke la fajro estas varma kaj la glacio malvarma. La fingroj estas la iloj de la palpado.

Homo, kiu povas vidi nur per unu okulo, estas unuokula; tiu, kiu tute ne vidas, estas blinda. Tiu, kiu ne pronuncas bone, balbutas; tiu, kiu ne povas paroli, estas muta, kaj tiu, kiu ne aŭdas, estas surda. Estas homoj, kiuj estas surdamutaj. La miopuloj kaj la malmiopuloj bezonas okulvitrojn por bone vidi.

QUESTIONNAIRE

1. Kiom da sentoj havas la homo? — 2. Per kio vi vidas? — 3. Kion ni devas fari por vidi? — 4. Kiuj estas la organoj de la vido? — 5. Ĉu vi povas flari per la buŝo? — 6. Per kio vi flaras? — 7. De kio la nazo estas organo? — 8. Ĉu la rozo odoras bone aŭ malbone? — 9. Kion ni faras ankaŭ per la nazo? — 10. Per kio ni aŭdas? — 11. Kiom da oreloj vi havas? — 12. Kion ni aŭdas? — 13. Kiuj estas la organoj de la gustumo? — 14. Kian guston havas la sukero? — 15. Kion ni faras per la fingroj? — 16. Kia estas la ĉefa eco aŭ kvalito de la fajro? — 17. Kia estas la ĉefa eco de la glacio? — 18. Por kio utilas la ligno? — 19. Ĉu la ligno estas mola? — 20. Ĉu vi konas unuokulan homon aŭ unuokululon? — 21. Kio estas blindulo aŭ blinda homo? — 22. Ĉu vi konas surdamutan homon aŭ surdamutulon? — 23. Kiu bezonas okulvitrojn por bone vidi? — 24. Ĉu via avo estas miopa aŭ malproksimvida?

GRAMMAIRE

Mi vidas la inkujon enhavantan la inkon.

Enhavanta(n) est un participe actif.

Le participe actif a trois formes. Il se termine en **int** (passé), en **ant** (présent) ou en **ont** (futur), selon que l'on veut indiquer un fait accompli, ou un fait qui est en train de s'accomplir, ou un fait qui va s'accomplir.

Ex. : La tempo *pasinta* neniam revenos. *Le temps passé ne reviendra jamais.* — Kelkaj fiŝoj povas nur vivi en *fluanta* akvo. *Certains poissons ne peuvent vivre que dans l'eau cou rante* (littéralement : *coulante).* — Esperanto estas certe la *estonta* lingvo helpanta de la tuta mondo. *L'Esperanto est certainement la langue auxiliaire future de l'univers.*

— C'est le participe actif en **inta** qui sert à former, avec le verbe **esti**, seul verbe auxiliaire employé en esperanto, les temps composés du passé.

Ex. : J'ai écrit, *mi estas skribinta* ; j'eus écrit, *mi estis skribinta* ; j'avais écrit, *mi estis skribinta* ; j'aurai écrit, *mi estos skribinta* ; j'aurais écrit, *mi estus skribinta.*

Mais, quand cela est possible sans obscurité, il est préférable d'employer en esperanto, au lieu des formes composées, les formes simples. *Mi skribis* peut ainsi signifier aussi bien : j'ai écrit, j'eus écrit, j'avais écrit, que : j'écrivais ou j'écrivis. *Mi skribus,* signifiera aussi bien : j'aurais écrit, que : j'écrirais.

— Quand le participe a le sens adverbial, c'est à dire quand il ne sert pas d'adjectif qualificatif à un nom ou à un pronom et qu'on ne l'emploie pas pour former le temps composé d'un verbe, il prend en Esperanto la terminaison adverbiale en **e**. Cela arrive en particulier quand le participe est précédé en français de la préposition *en*. Le participe ne peut s'employer adverbialement que s'il se rapporte au sujet de la proposition principale.

Ex. : *Fermante* la okulojn mi vidas nenion. *En fermant les yeux je ne vois rien.* — *Ferminte* la pordon, li foriris. *Ayant fermé la porte, il s'éloigna.*

— Les participes peuvent aussi s'employer substantivement. En ce cas, ils prennent la terminaison **o** :

Ex. : La zorganto, *le tuteur.* — La venkinto, *le vainqueur.* — La mortinto, *le mort.* La mortanto, *le mourant.*

Exercices oraux ou écrits.

VERSION

Montrante la domon, li eksilentis. Vidinte la pluvon, ili prenis siajn mantelojn. Salutinte la gesinjorojn, ili foriris. Aŭskultinte, li aŭdis la voĉon de sia frato. La progresintaj lernantoj estos rekompencitaj. Preferante labori, mi ne promenas.

La promenantoj preferas la sunon pli ol la pluvon. Oni ne vidas hodiaŭ multajn aĉetantojn en la magazenoj. Levante la brakon ŝi prenis la libron sur la ŝranko. Kiaj estas la literoj formantaj tiun vorton ? Renkontinte niajn amikojn, ni promenis kun ili. Rekompencante la laboremajn lernantojn, la instruisto kuraĝigas ilin. Oni lernas plej bone per senĉesanta ripetado. La infanoj ne amas silentadi, nek sidadi, nek atendadi; ili kuradas kaj saltadas volonte la tutan tagon. Via babilado estos punita kaj la progresado de via frato estos rekompencita. Mia frato okupas sin pri pentrado. La pafado daŭris kelkan tempon. Sen oreloj la aŭdado estas neebla, sen okuloj la vidado estas neebla. Ridetante ŝi salutis.

THÈME

La langue espéranto est une langue vivante et non une langue morte. Elle est parlée, écrite et lue par des milliers et des milliers de (*da*) personnes des (*en la*) cinq parties du monde. Ayant été battu par son frère, le petit garçon alla se plaindre à sa mère. En voulant fermer la fenêtre, la jeune fille se blessa à (*je*) la main. Ayant fermé la porte, la domestique retourna à la cuisine. En revenant de l'école les enfants rencontrèrent leurs parents. En arrivant à la maison nous vîmes que la porte était fermée. Le mourant respirait très faiblement. Le défunt fut enterré deux jours après sa mort. En étudiant nos leçons, nous nous endormîmes. En me promenant dans le jardin, je vis arriver mes sœurs. Ayant pris sa plume, il écrivit une longue lettre.

VINGT-SIXIÈME LEÇON

Le subjonctif. — Manières de traduire : que.

La manĝoj kaj la manĝaĵoj.

Estas necese, ke la homo manĝu kaj trinku por vivi, alie li mortas pro soifo kaj malsato. Ni manĝas kiam ni malsatas, kaj ni trinkas, kiam ni soifas, sed ni ne devas manĝi nek trinki pli ol estas bezone. La higieno ordonas, ke ni estu sobraj.

Ni manĝas laŭkutime trifoje ĉiutage. Ni faras tri manĝojn : la matenmanĝon ĉirkaŭ la oka matene, la tagmanĝon aŭ tagmezomanĝon ĉirkaŭ la dekdua, kaj la vespermanĝon je la sepa vespere.

Je la manĝotempo ni iras en la manĝoĉambron, kie la servistino preparis la manĝilaron. Ŝi surmetis unue la tablotukon, poste la telerojn. Sur la telerojn ŝi metis la telertukojn kaj apude la kulerojn, la forketojn kaj la glasojn. Ŝi zorgis ankaŭ meti sur la tablon la mustardujon kun la mustardo kaj la salujon kun la salo kaj la pipro.

Tio, kion ni manĝas nomiĝas manĝaĵoj aŭ nutraĵoj. La pano, la viando, la legomoj kaj la fruktoj estas niaj ĉefaj manĝaĵoj. Ni manĝas diversajn specojn de viando : bovaĵon, bovidaĵon, ŝafaĵon kaj porkaĵon, kuiritan aŭ rostitan. Ni manĝas ankaŭ kortbirdojn, fiŝojn kaj ĉasaĵon. La bovino donas al ni la lakton per kiu oni faras la buteron kaj la fromaĝon, kaj la kortbirdoj, tio estas la kokinoj, la anasoj, la anseroj kaj la meleagroj, liveras al ni la ovojn, per kiuj oni faras ovaĵojn.

Ĉiu sezono alportas al ni aliajn legomojn kaj fruktojn. En printempo, ni havas asparagojn, pizojn, fazeolojn, fragojn, ĉerizojn kaj abrikotojn. En la somero ni manĝas artiŝokojn, napojn, karotojn, spinacojn kaj melonojn, ribojn, grosojn kaj frambojn, prunojn kaj persikojn. Dum la aŭtuno kaj la vintro ni havas brasikojn, terpomojn kaj ĉiujn specojn de konservaĵojn, pirojn, vinberojn, pomojn, nuksojn, avelojn kaj migdalojn.

Ni manĝas la salaton krudan : oni spicas ĝin per oleo, vinagro, salo kaj pipro. La aliaj legomoj estas kuiritaj. Ni manĝas fine la fruktojn krudajn aŭ kuiritajn, kiel kompoton aŭ konfitaĵon.

QUESTIONNAIRE

1. Kion bezonas la homo por vivi ? — 2. Kio okazas al li, se li tion ne havus ? — 3. Kiam ni manĝas ? Kiam ni trinkas ? — 4. Kiel ni devas konduti pri la manĝado kaj la trinkado ? — 5. Kiom da fojoj ni manĝas ĉiutage ? — 6. Je kioma horo vi matenmanĝis hodiaŭ ? — 7. Je kioma horo vi tagmanĝas ? — 8. Kiel oni nomas la manĝon de tagmezo ? — 9. Kiu estas la tria manĝo ? — 10. Je kioma horo vi vespermanĝas ? — 11. Kien ni iras, kiam ni volas manĝi ? — 12. Kiu aranĝis la tablon ? — 13. Rakontu, kiel la servistino aranĝas la tablon. — 14. Kion oni nomas manĝaĵoj aŭ nutraĵoj ? — 15. Kiuj estas niaj ĉefaj nutraĵoj ? — 16. Kiajn viandojn ni manĝas ? — 17. Kion oni faras el la lakto ? — 18. Kiu donas al ni la ovojn ? — 19. Kiel ni manĝas la viandon ? Ĉu kruda aŭ kuirita ? — 20. Nomu kelkajn printempajn legomojn. — 21. Kiuj estas la fruktoj, kiujn ni manĝas en somero ? — 22. Kiam ni manĝas brasikojn, lentojn, pomojn kaj nuksojn ? — 23. Kiel oni spicas la salaton ? — 24. Kiel ni manĝas la fruktojn ? Ĉu krudaj aŭ kuiritaj ?

GRAMMAIRE

**Estas necese, ke la homo manĝu kaj trinku.
La higieno ordonas, ke ni estu sobraj.**

— Le subjonctif de même que l'impératif est caractérisé par la désinence **u**.

— On emploie le subjonctif après un verbe qui exprime *l'obligation*, le *commandement* ou le *désir* et la *volonté*.

Ex. : Je veux que vous veniez. *Mi volas, ke vi venu.* — Dites-lui de ne pas bavarder. *Diru al li, ke li ne babilu.* — Il faut que nous partions. *Estas necese, ke ni foriru.* — Je désire, que vous répondiez. *Mi deziras, ke vi respondu.*

Différentes manières de traduire **que** :

— *Que* après un verbe, se rend par **ke** ; après un substantif par **kiun** ou **kiujn** ; après un adjectif et en général dans une comparaison par **ol**.

Ex. : Je sais que... *Mi scias, ke...* — Le livre que... *La libro, kiun...* — Plus grand que... *Pli granda ol...* — Plus de vin que... *Pli da vino ol...*

— *Que* signifiant *quoi* se rend par **kio, kion** ; lorsqu'il signifie *combien* par **kiom** ; dans le sens de *comment* par **kiel**; et dans le sens de *quand* par **kiam**.

Ex. : Que dites-vous ? *Kion vi diras ?* — Que d'eau! *Kiom da akvo !* — Que la mer est belle ! *Kiel la maro estas bela !* — Nous étions à peine arrivés que la pluie commença. *Ni estis apenaŭ alvenintaj, kiam la pluvo komencis.*

Exercices oraux ou écrits.

VERSION

Via patro deziras, ke vi venu. La kuracisto petas, ke oni fermu la pordon kaj malfermu la fenestron. Elparolu zorge tiujn literojn, por ke oni komprenu vin facile. Parolu pli laŭte, por ke via avino povu aŭdi vin. Mia amiko petas, ke mi respondu al li hodiaŭ. Mia patrino ne permesis, ke mi venu. Preninte mian vortaron, mi serĉis la vortojn, kiujn mi ne konis. Kiom da ŝipoj estas en la ŝiparo ? Nia kuracisto havas multan klientaron. La vagonaro estas formita per (*ou :* el) dek-du vagonoj. La ŝtuparo de nia domo havas nur dudek-du ŝtupojn. En aŭtuno la brutaroj revenas el la montaro. Kion respondis la servisto ? Kiel vi estas babilemaj ! Kiom da tempo mi perdis ! Diru al la servantino, ke ŝi ekbruligu la fajron kaj pretigu la manĝon. Estas bezone, ke ni iru ĉe la libriston. Estas necese, ke vi faru pli da progresoj.

THÈME

Mon père ne veut pas que je sorte aujourd'hui. Il faut que j'aille au marché pour acheter des fruits. Son ami désire que vous répondiez à sa lettre. Dites à votre cousin qu'il aille avec vous. Le maître ordonna aux élèves de quitter l'école. Savez-vous que votre ami est là ? Je ne crois pas qu'il arrivera aujourd'hui. Le livre que j'ai acheté hier est plus intéressant que celui que vous m'avez prêté. Vous avez plus de livres que de cahiers. Que vous répondit cet homme ? Que de fleurs dans cette prairie ! Voulez-vous que je vienne à deux heures ? Que votre sœur est heureuse ! Avez-vous dit à la bonne de mettre la table ? La viande que le boucher a envoyée ce matin est moins belle que celle que j'ai achetée hier.

Conditionnel. — Manières de traduire : si.

Se mi estus riĉa.

Se mi estus riĉa, mi havus sur la deklivo de ombrita monteto malgrandan vilaĝan domon, blankan kun verdaj fenestrokovriloj. Kvankam pajla tegmento estas en ĉiu ajn sezono la plej bona, mi preferus la tegolon tial, ke ĝi havas mienon pli puran kaj pli gajan, ke oni ne kovras alimaniere la domojn en mia lando, kaj ke tio memorigus al mi la tempon de mia juneco. Se mi estus riĉa, mi havus anstataŭ kortego birdkorton kaj anstataŭ ĉevalejo bovinejon (aŭ bovstalon) por ke mi havu lakton, kiun mi amas multe. Mi havus legomoĝardenon anstataŭ florĝardeno kaj anstataŭ parko beletan fruktoĝardenon.

Se mi estus riĉa, mi kunvenigus tien kelkajn bonajn amikojn kiuj ŝatus la kamparajn plezurojn. Tie ĉiuj niaj manĝoj estus festenoj. La manĝoĉambro estus ĉie ; oni havus la herbetaron por tablo kaj por seĝoj ; la randoj de la fonto utilus (aŭ servus) por telermeblo, kaj la deserto pendus de la arboj. Por ke ni estu niaj mastroj, ni ne havus servistojn, kiuj kalkulus la pecojn de niaj manĝaĵoj kaj lasus nin atendi, por amuzi sin. Ĉiu mem servus al si.

Se okazus ia vilaĝa festo, mi tien ĉeestus inter la unuealvenantoj. Se ia edziĝo fariĝus en mia najbaraĵo, oni scius, ke mi amas la ĝojon, kaj mi estus invitita. Mi alportus al tiuj bonaj homoj ian donacon simplan, kiel ili, kaj mi trovus interŝanĝe la malkaŝemon kaj la veran plezuron. Mi vespermanĝus ĉe ilia tablo, mi kantus kun ili, kaj mi dancus en ilia garbejo pli volonte ol en la opera balo.

QUESTIONNAIRE

1. Kian domon vi havus se vi estus riĉa? — 2. Kial vi preferus tegolan tegmenton? — 3. Kion memorĝus al vi tia tegmento? — 4. Kion vi havus anstataŭ kortego? — 5. Kial vi havus bovinejon anstataŭ ĉevalejon? — 6. Ĉu vi havus florĝardenon aŭ parkon? — 7. Kiajn amikojn vi invitus? — 8. Kie estus via mangoŝambro? — 9. Kion vi havus anstataŭ tablo kaj seĝoj? — 10. Kial vi ne havus servantojn? — 11. Kion vi farus se estus ia vilaĝa festo? — 12. Kial vi estus invitita, se fariĝus ia edziĝo en via najbaraĵo? — 13. Kion vi alportus al tiuj bonaj homoj? — 14. Kion vi farus ĉe tia okazo?

GRAMMAIRE

Se mi estus riĉa, mi havus malgrandan domon.

— La désinence **us** ajoutée au verbe indique le conditionnel.

— En esperanto le conditionnel traduit non seulement le conditionnel français, mais aussi l'imparfait après la conjonction *si*.

Ex. : Se mi vidus lin, mi dirus al li… *Si je le voyais je lui dirais…*

Manières de traduire si :

— *Si* conditionnel se traduit par **se**.

Ex. : S'il venait, je vous préviendrais. *Se li venus, mi informus vin.* — S'il était venu, je vous aurais prévenu. *Se li estus veninta, mi estus informinta vin.*

— Dans le sens de *tellement, si* se traduit par **tiel**.

Ex. : Le temps était *si* mauvais ! *La vetero estis tiel malbona!*

— Après un verbe, *si* se traduit par **ĉu**.

Ex. : Demandez-lui s'il viendra. *Demandu al li, ĉu li venos.*

Remarque : *Si* affirmatif, dans le sens de *oui*, se traduit par **jes, jes ja, ja vere.**

Exercices oraux ou écrits.

VERSION

Se mi estus sana, mi estus feliĉa. Mi ĝin farus, se mia patro ĝin permesus. Li min frapus, se li ne timus. Mi vizitus lin, se li tion dezirus. Se la suno brilus, la vetero estus pli varma. Se pluvos, ni ne promenos. Se vi vidos Petron, diru al li, ke li aĉetu tiun libron. Se la lernantoj ne laboras, ili ne progresas. Se la lernantoj ne laborus, ili ne progresus. Se mi lin renkontus, mi ne povus lin rekoni. Se mi povus, mi aĉetus la tutan verkaron de Zamenhof. Se vi atente aŭskultus, vi komprenus tion, kion mi diras. Se vi forgesos, vi estos punita. Mi ne scias, ĉu via patro estas hejme. Demandu lin, ĉu li povas atendi kelkajn minutojn. Mi estus tre kontenta se mi scius esperanton. Se mi scius esperanton, mi ne bezonus lerni aliajn lingvojn. Demandu vian amikon, ĉu li volas lerni esperanton. Ĉu vi rekonus min, se vi vidus min sen mia barbo?

THÈME

Nous nous promènerions si le temps n'était pas si mauvais. S'il ne pleuvait pas en été, la terre se dessécherait. Cet homme ne serait pas si malheureux s'il avait travaillé pendant sa jeunesse. Si ces enfants étaient sages et s'ils travaillaient mieux, leurs parents seraient contents et heureux. Nous n'achèterions pas le pain chez ce boulanger, s'il n'était pas toujours très bon. Pouvez-vous me dire si monsieur votre père est à la maison ? Si je le savais je vous le dirais. Si vous aviez faim, mon petit ami, vous ne trouveriez pas votre pain amer. Cet appartement me plairait, s'il avait une chambre de plus (*plie*). Demandez à votre ami s'il veut revenir avec nous. J'ai bien soif ; je boirais avec plaisir un verre d'eau fraîche. Si jeunesse savait, si vieillesse pouvait, dit un vieux proverbe.

VINGT-HUITIÈME LEÇON

Manières de traduire : beaucoup, peu.

La malkara vespermanĝo.

1. Antaŭ la manĝo

La gasto. — Sinjoro gastigisto, ĉu mi povas vespermanĝi ĉe vi por mia mono ?

La gastigisto. — Certe, sinjoro. Kion vi deziras manĝi ? Unue supon ?

La gasto. — Jes. Mi manĝos kun plezuro bonan supon.

La gastigisto. — Poste pecon da bovo kun legomoj. Kian rostaĵon vi preferas ? Ni havas bovidrostaĵon kaj ŝafrostaĵon.

La gasto. — Mi preferas la ŝafrostaĵon, kaj se vi volos doni al mi poste iom da fromaĝo kaj fruktojn por la deserto, mi manĝos kiel princo. Ĉu mi povas havi ankaŭ botelon da vino kaj tason da kafo por mia mono ?

La gastigisto. — Sendube, sinjoro, kaj mi havas bonegan vinon. Ĉu vi deziras ruĝan aŭ blankan vinon ?

La gasto. — En somero, mi preferas la blankan vinon.

La gastigisto. — Bonvolu sidiĝi ĉe tiu ĉi tablo, sinjoro ; la kelnero servos tuj al vi.

2. Post la manĝo

La gastigisto. — Ĉu vi bone vespermanĝis, sinjoro?

La gasto. — Tre bone, sinjoro gastigisto, kaj jen estas mia mono.

La gastigisto. — Kiel! Kvindek centimoj? Vi ŝuldas al mi kvin frankojn, sinjoro. Jen la kalkulo.

La gasto. — Kvin frankoj! Pardonu, sinjoro gastigisto, mi ne petis de vi manĝon por kvin frankoj, sed por mia mono. Jen ĝi, mi ne havas pli da ĝi.

La gastigisto. — Mi vidas, ke vi estas petolulo, kaj vi meritus koniĝi kun la polica komisaro. Sed mi donacas al vi vian vespermanĝon, kaj mi eĉ aldonas moneron da du frankoj. Vi nur ne parolos eĉ unu vorton pri la afero, kaj iros alian fojon ĉe mian najbaron, la gastigiston de la « Blanka Urso. »

La gasto. — Via najbaro de la « Blanka Urso! » sed mi tagmanĝis ĉe li, kaj ĝi estas li, kiu sendis min al vi.

QUESTIONNAIRE

1. Kion oni rakontis tie ĉi supre? — 2. Pri kio la kliento demandas la hoteliston aŭ gastigiston? — 3. Kion la gastigisto donas al li por manĝi? — 4. Kial li ne donis al li bovidan rostaĵon? — 5. Kian deserton li petis? — 6. Kion li petis por trinki? — 7. Ĉu la gastigisto havis bonan vinon? — 8. Kion preferis la kliento? Ĉu ruĝan aŭ blankan vinon? — 9. Kiu servis al la kliento? — 10. Kiom da mono donis la kliento? — 11. Ĉu la gastigisto estis kontenta? — 12. Kiom petis la gastigisto por la manĝo? — 13. Kion klarigas al li la kliento? — 14. Kion fine faris la gastigisto? — 15. Kion li konsilas al la kliento? — 16. Ĉu la kliento povis iri al lia najbaro?

GRAMMAIRE

Manières de traduire **beaucoup, peu** :

— *Beaucoup*, employé seul, se traduit par **multe** ; suivi de *de* il se traduit par **multe da** ou **multaj**.

Ex. : Avez-vous mangé beaucoup ? *Ĉu vi manĝis multe ?* — Nous avons bu beaucoup de bière. *Ni trinkis multe da biero.* — Ils ont beaucoup d'amis. *Ili havas multajn amikojn.*

— *Peu*, employé seul, se traduit par **malmulte** et *peu de* par **malmulte da** ou **malmultaj**.

Ex. : Comme vous mangez peu ! *Kiel vi manĝas malmulte !* — Il est peu appliqué. *Li estas malmulte laborema.* — Il y a peu d'eau dans la carafe. *Estas malmulte da akvo en la karafo.* — Peu de livres sont aussi instructifs. *Malmultaj libroj estas tiel instruaj.*

— *Un peu* se traduit par **iom**, *un peu de* par **iom da** et *peu à peu (petit à petit)* par **iom post iom**.

Ex. : Je comprends un peu. *Mi komprenas iom.* — Mangez un peu de viande. *Manĝu iom da viando.* — Les jours grandissent peu à peu. *La tagoj pligrandiĝas iom post iom.* — Petit à petit l'oiseau fait son nid. *Iom post iom la birdo faras sian neston.*

LEXICOLOGIE

Mono, monnaie ; *monero*, pièce de monnaie ; *hajlo*, grêle ; *hajlero*, grêlon ; *neĝo*, neige ; *neĝero*, flocon de neige ; *fajro*, feu ; *fajrero*, étincelle ; *greno*, blé ; *grenero*, grain de blé.

Le suffixe **er** indique l'élément, la parcelle, l'unité partielle.

Exercices oraux ou écrits.

VERSION

Mi fartas multe pli bone de kiam (*depuis que*) mi manĝas multe da legomoj kaj malmulte da viando. Ĉu vi deziras ankoraŭ iom da pano ? Mi dankas, mi havas sufiĉe da ĝi. Neniu amiko vizitis min, dum mi estis malsana. Esperanto faras multajn

progresojn de (*depuis*) kelkaj jaroj. Ne estas plu
sufiĉe da inko en la inkujo. Estis tro da vinagro
en la salato. Estas multe malpli da reguloj en la
esperanta gramatiko ol en la gramatiko de ia
ajn alia lingvo ; tial neniu lingvo estas tiel
facila kiel esperanto. Esperanto estas ankaŭ
multe pli fleksebla ol la aliaj vivantaj lingvoj.
Falis tiun ĉi nokton iom da neĝo, kaj la vetero
fariĝas iom malvarma. Mia onklo havas multajn
librojn. Nia ĝardeno donis al ni tiun ĉi jaron mal-
multe da fruktoj sed multe da legomoj. Ne estas
multaj domoj en la vilaĝeto. La arbo grandiĝas iom
post iom. Ĉu via kuzo multe laboras ?

THÈME

Ce livre me plaît beaucoup. J'ai lu beaucoup
de livres, mais j'en ai trouvé peu (d')aussi instruc-
tifs. Donnez-moi encore un peu de cette viande.
Cette année il n'y a pas beaucoup de monde au
bord de la mer. Nous mangeons beaucoup de
légumes et nous buvons très peu. Peu de personnes
savent cela. Comprenez-vous déjà un peu la langue
esperanto ? En automne les jours diminuent peu à
peu. Avez-vous beaucoup de pièces de monnaie
comme celle-ci ? Je vous prie de ne pas dire un
mot de cette affaire. L'aubergiste comprit que le
client était (*est*) un farceur. Cher ami, je n'ai que
peu d'argent, je ne peux pas payer cinq francs pour
un dîner. Après mon dîner je bois toujours une
tasse de café. Quel vin préférez-vous ? Préférez-
vous le rôti de veau ou le rôti de mouton ? J'aime
les deux (*ambaŭ*) mais je préfère le rôti de bœuf.

VINGT-NEUVIÈME LEÇON

Manières de traduire : Aussi, tant, autant.

La trinkaĵoj.

Ni trinkas por kvietigi nian soifon. Tio, kion ni trinkas, nomiĝas trinkaĵo. Ni trinkas ĉiuspecajn trinkaĵojn ; la unuj estas varmaj, la aliaj malvarmaj.

En la matenmanĝo ni trinkas teon kun lakto aŭ sen lakto, kafon kun lakto, kakaon aŭ ĉokoladon. En la tagmanĝo ni trinkas vinon kun akvo ordinara aŭ minerala. En kelkaj landoj oni trinkas pomvinon, kaj en aliaj bieron. Se ni soifas inter la manĝoj, ni trinkas bieron aŭ akvon kun siropo.

La akvo pura estas la plej bona kaj plej sana el ĉiuj trinkaĵoj. Ĝi estas ankaŭ la sola sen kiu ni ne povas vivi. Oni prenas ĝin el la fonto, sed oni aĉetas la vinon kaj la pomvinon ĉe la vinvendisto, la bieron ĉe la bieristo aŭ bierfaristo.

Estas ruĝa kaj blanka vino, hela aŭ blonda, malhela aŭ bruna biero. La ĉampano estas ŝaŭmanta vino. La vino, la biero kaj la pomvino estas konservataj en bareloj.

Oni alportas la akvon en karafo, la vinon en botelo kaj la kafon en kruĉo. Ni trinkas la ĉampanon el kaliko, la vinon el glaso kaj la kafon el taso.

Estas ankaŭ aliaj trinkaĵoj, ekzemple : brando, konjako, rumo, viskio, ĉerizbrando. Tio estas alkoholaj trinkaĵoj kaj ne estas bonaj por la sano.

Oni devas esti sobra ; la malsobreco estas malvirto kaj kondukas al malsano.

QUESTIONNAIRE

1. Pri kio estis la temo de tiu ĉi leciono? — 2. Kion oni nomas trinkaĵo? — 3. Kion ni trinkas matene? — 4. Kiujn trinkaĵojn ni trinkas dum la tagmanĝo? — 5. Kion ni trinkas, se ni soifas inter la manĝoj? — 6. Kiu estas la plej saniga el ĉiuj trinkaĵoj? — 7. Ĉu ni povas neuzi tiun trinkaĵon? — 8. Kie ni trovas la akvon? — 9. Kiu vendas al ni vinon kaj pomvinon? — 10. Kiu vendas al ni la bieron? — 11. Ĉu vi preferas ruĝan aŭ blankan vinon? — 12. Kio estas la ĉampano? — 13. En kio oni konservas la vinon? — 14. En kio oni alportas la akvon? — 15. Kiun trinkaĵon oni alportas en kruĉo? — 16. El kio ni trinkas la vinon? — 17. El kio ni trinkas la kafon? — 18. Ĉu la alkoholaj trinkaĵoj utilas al la sano? ¿— 19. Nomu kelkajn alkoholajn trinkaĵojn.

GRAMMAIRE

Manières de traduire aussi, tant, autant :

— *Aussi* se traduit par **ankaŭ** quand il signifie *en outre* et par **tial** quand il signifie *c'est pourquoi*.

Ex. : Nous avons des pommes et aussi des poires. *Ni havas pomojn kaj ankaŭ pirojn.* — Aussi n'est-il pas venu. *Tial li ne venis.*

— *Aussi... que* se traduit par **tiel... kiel**.

Ex. : Je ne suis pas aussi grand que mon frère. *Mi ne estas tiel granda, kiel mia frato.*

— *Si... que* se traduit par **tiel... ke**.

Ex. : Le temps était si mauvais que je n'ai pu venir. *La vetero estis tiel malbela, ke mi ne povis veni.*

Comparez : Aussi tôt, **tiel frue** et aussitôt, **tuj**.

— *Tant* se traduit par **tiom**. Suivi de *de* il se traduit par **tiom da**.

Ex. : Il a tant plu que je n'ai pas pu sortir. *Pluvis tiom, ke mi ne povis eliri.* — J'ai tant de livres, que je ne sais où les mettre. *Mi havas tiom da libroj, ke mi ne scias kien meti ilin.*

— Les locutions *tant mieux, tant pis, tant que* se traduisent respectivement par **des pli bone, des pli malbone, dum** ou **tiel longe kiel.**

Ex. : Tant que je vivrai. *Dum mi vivos*, ou : *tiel longe, kiel mi vivos.*

— *Autant*, employé seul, se traduit par **tiel multe** ; *autant de*, par **tiom da** ; *autant de... que (de)* par **tiom da... kiom (da)** ; et *autant... que* par **tiom... kiom.**

Exercices oraux ou écrits.

VERSION

Mi ne havas tiom da libroj, kiom mia onklo. Ĉu via frato ankaŭ forestas ? Ĉu via frato ankoraŭ forestas ? Paŭlo fervore laboris; tial li estos rekompencata. Parizo ne estas tiel granda kiel Londono. Mi tiom foliis mian esperantan vortareton, ke ĝi estas tute malpura. La vetero estas tiel malvarma, ke oni devis ekbruligi la fajron. Via kuzo estas tiel mallaborema, ke li ne ankoraŭ komencis sian taskon. Tiu tranĉileto tranĉas tiel malbone, ke mi ne povis pintigi mian krajonon. Estas tiom da silaboj en la vorto « sonorilo » kiel en la vorto « servistino », sed la lasta enhavas pli da literoj. Ĉu vi havas tiom da floroj en via ĝardeno, kiel ni ? La rozo ne daŭras tiel longe, kiel la krizantemo. La ĝardenisto ne plantis tiom da pomujoj, kiom da pirujoj. Tiel longe kiel mi vivos, mi estos danka al li. Dum tiu sinjoro ĉeestos, mi ne eniros. Petro ne estas tiel atenta, kiel Paŭlo. La vintro ne estas tiel agrabla kiel la somero. Mi ne vojaĝis tiom, kiom mia frato. La knabinoj ne estas tiel fortaj, kiel la knaboj.

THÈME

Nous avons mangé non seulement (*ne nur*) du pain et du beurre, mais aussi du fromage et des fruits. Avez-vous aussi bu du vin ? Non, nous ne buvons jamais de vin ; nous ne buvons que de l'eau pure : c'est la meilleure et la plus saine de toutes les boissons. Charles a été désobéissant, aussi a-t-il été puni par son père. Est-ce que le cacao est aussi nourrissant que le chocolat ? Donnez-moi autant de café que de lait. J'ai reçu trois lettres ce matin et ma sœur autant. Cette année il y a tant de pommes, que le cidre ne sera pas cher. Tant mieux pour les gens pauvres. Tant que le vent viendra du nord, il fera beau temps. Autant que j'ai pu voir, il n'y avait pas d'eau-de-vie sur la table. Nous avons bu autant d'eau que de vin. J'ai bien soif ; je boirais avec plaisir un verre de bière. Nous buvons autant de vin rouge que de vin blanc. Aimez-vous le champagne ? Faites-moi le plaisir d'accepter cette coupe. Je n'en ai jamais goûté d'aussi bon. Il s'est levé aussitôt, quoique, on ne l'ait jamais réveillé aussi tôt.

Phrases usuelles.

Il faut que je m'en aille.	*Mi devas foriri.*
Voulez-vous déjà partir ?	*Ĉu vi volas jam foriri ?*
Parlez-vous sérieusement ?	*Ĉu vi parolas malŝerce ?*
Faites mes compliments à M. votre père.	*Prezentu miajn komplimentojn al via patra moŝto.*

TRENTIÈME LEÇON

Manières de traduire : plus et moins.

La vestoj.

Ni surmetas vestojn por kovri nian korpon kaj ŝirmi ĝin kontraŭ malvarmo kaj varmo. En somero ni vestiĝas malpeze kaj en vintro varme. La somervestoj estas ĝenerale el tolo aŭ el katuno, kaj la vintrovestoj estas el lano. La sinjorinoj uzas ankaŭ vestaĵojn el veluro kaj silko.

La pantalono, la veŝto, la ĵaketo, la jako, la redingoto estas viraj vestoj. La jupo, la subjupo, la robo estas virinaj vestoj. En vintro la viroj surmetas ankaŭ surtuton aŭ superveston kaj la sinjorinoj peltan mantelon kaj mufon. La virinaj vestoj estas ornamitaj per brodaĵoj, rubandoj kaj puntoj.

La tajloro faras la virajn vestojn, kaj la kudristo aŭ kudristino la virinajn vestojn. La tajloro mezuras, tranĉas la ŝtofon per tondiloj kaj kudras la vestojn per kudrilo kaj fadeno. Li faras la butontruojn kaj kudras la butonojn kaj poŝojn ; antaŭ ol liveri al ni vestojn, li provas ilin kaj gladas ilin per gladilo.

Ni aĉetas la ĉemizojn, kolumojn, ŝtrumpojn kaj ŝtrumpetojn, la ŝelkojn, kravatojn, gantojn kaj ŝtrumpligilojn ĉe la ĉemizisto, kaj la ŝuojn, la pantoflojn, la botojn ĉe la ŝuisto.

Sur la kapo ni metas ĉapelon, en somero pajlan ĉapelon, kaj en vintro feltan aŭ silkan ĉapelon. La ĉapelisto faras la virajn ĉapelojn, kaj la modistino la virinajn ĉapelojn. La knaboj uzas kutime ĉapon. La virinoj uzas ankaŭ juvelojn el oro aŭ arĝento kun perloj, diamantoj kaj aliaj gemoj.

QUESTIONNAIRE

1. Por kio ni surmetas vestojn ? — 2. Kiamaniere ni nin vestas en somero ?... en vintro ? — 3. El kio estas faritaj niaj someraj vestoj ? — 4. Ĉu la vintraj vestoj estas ankaŭ el tolo ? — 5. Kiu surmetas vestojn el silko kaj el veluro ? — 6. Nomu kelkajn virajn vestojn. — 7. Kiujn vestaĵojn havas la sinjorinoj en vintro ? — 8. Per kio estas ornamitaj la sinjorinaj vestoj ? — 9. Kiu faras la virajn vestojn ? — 10. Kion faras la kudristo kaj la kudristino ? — 11. Diru, kion faras la tajloro por fabriki veston ? — 12. Por kio li trancas la ŝtofon ? — 13. Kion li bezonas por kudri ? — 14. Kiom da poŝoj vi havas sur via veŝto ? — 15. Kiom da butonoj sur via jako ? — 16. Kion faras la tajloro antaŭ ol liveri la vestojn ? — 17. Kion ni aĉetas ĉe la ĉemizisto ? 18. Kion ni surmetas sur la kapon ? — 19. Kiu faras la sinjorinajn ĉapelojn ? — 20. Kiel oni nomas tiun, kiu faras la virajn ĉapelojn ? — 21. Kiu surmetas kutime ĉapon ?

GRAMMAIRE

Manières de traduire **plus** et **moins** :

— *Plus*, employé seul, se traduit par **pli multe** et *le plus* par **la plej multe** ou **plej multe**.

Ex. : Il a dit plus encore. *Li diris ankoraŭ pli multe.* — C'est lui qui a gagné le plus. *Li gajnis plej multe.*

— *Plus... que* se traduit par **pli... ol** ; *plus de... que* par **pli da** ou **pli multe da... ol** et *plus de... que de* par **pli da** ou **pli multe da... ol da.**

Ex. : Il est *plus* grand *que* son frère. *Li estas* **pli** *granda* **ol** *lia frato.* — J'ai plus de livres *que* vous. *Mi havas pli multe da libroj ol vi.* — Il promit plus de beurre que de pain. *Li promesis pli da butero ol da pano.*

— *Le plus possible* se traduit par **kiel eble plej multe** ; *le plus de... possible* par **kiel eble plej multe da...**

Ex. : Marchez le plus possible. *Marŝu kiel eble plej multe.* — Prenez le plus d'eau possible. *Prenu kiel eble plej multe da akvo.*

— Combiné avec un adjectif ou un adverbe *le plus possible* se traduit par **kiel eble plej** suivi de l'adjectif.

Ex. : Le plus tôt possible. *Kiel eble plej frue.* — Le plus grand possible. *Kiel eble plej granda.*

— Les locutions *ne... plus, non plus, au plus, de plus* ou *en plus, de plus en plus* et *plus... plus* se traduisent respectivement par **ne plu** ou **jam ne, nek ankaŭ, pleje, pli kaj pli, ju pli... des pli.**

Ex. : Je n'ai plus faim. *Mi ne plu (jam ne) malsatas.* — Je n'ai pas soif non plus. *Nek mi soifas ankaŭ.* — Il devient de plus en plus riche. *Li iĝas pli kaj pli riĉa.* — Plus on apprend, plus on sait. *Ju pli oni lernas, des pli oni scias.*

— Remarquez la différence entre *plus tôt,* **pli frue** et *plutôt,* **prefere, pli vole (ol).**

→ — Pour traduire les locutions correspondantes formées avec *moins,* on fait précéder les mots **plej, pli** ou **multe** du préfixe **mal,** qui marque le contraire.

Ex. : Buvez le moins du vin possible. *Trinku kiel eble malplej multe da vino.* — J'ai moins d'amis que lui. *Mi havas malpli multe da amikoj ol li.*

Exercices oraux ou écrits.

VERSION

Johano estas pli forta ol Georgo. Ŝi kuras pli rapide ol vi. La ĉevalo estas malpli forta ol la kamelo. Mia frato amas sian filon pli ol sian filinon. La elefanto estas la plej granda kaj la plej forta el la bestoj. Georgo estas la malplej kuraĝa knabo en la lernejo. Vi estas la malplej laboremaj el ĉiuj lernantoj. Ju pli mi lin konas, des pli mi lin estimas. Ju malpli mi manĝas, des pli mi trinkas.

Ju malpli oni trinkas, des malpli oni soifas.
Ju pli mi lin vidas, des malpli li plaĉas al mi.
Ju pli la vintro alproksimiĝas, des pli estas mal-
varme. Tiu ŝtofo enhavas pli da kotuno ol da
lano. La tagoj fariĝas pli kaj pli mallongaj. Venu
kiel eble plej baldaŭ. Li leviĝas kiel eble plej mal-
frue. Parizo enhavas malpli da loĝantoj ol Londono.
Ĉu vi deziras iom pli da viando? Mi dankas, mi ne
deziras pli da ĝi. Kiam ni alvenis, neniu jam tie
estis. Mi ne faros unu paŝon plu. Li promesas,
ke li ne faros plu tion. Mi lin amas pli kaj pli.
La infanoj ordinare pli preferas ludi, ol labori. La
malsanulo ne vivos pli ol unu tagon. Kiam vi re-
venos, li ne plu vivos.

THÈME

Vous avez beaucoup de cravates, mais mon ami
(en) a plus. Charles travaille plus que son frère,
mais Louise travaille le plus. Les habits de laine
sont plus chauds que les habits de coton. Ses yeux
étaient plus grands que son estomac. Apprenez
le plus possible pendant que vous êtes jeunes.
Écrivez-lui le plus tard possible. Son frère n'avait
plus d'argent et lui non plus. Donnez-moi deux ou
trois feuilles de plus. Ils étaient au plus une ving-
taine, mais au moins une quinzaine. Cette chambre
est moins grande que la mienne; c'est la moins
grande de l'appartement. Il a choisi le plus
petit possible. Le temps devenait de plus en plus
mauvais et nous sortions de moins en moins. Plus
les hommes travaillent, plus ils sont heureux. On
ne voit plus monsieur Martin; est-ce qu'il serait
malade? Ayez le moins d'amis possible, mais qu'ils
soient les meilleurs possible.

Manières de traduire : tout.

Julo faras sian tualeton.

Julo devas leviĝi je la sepa, sed li dormas ankaŭ profunde. La servistino purigis jam liajn ŝuojn kaj metas ilin antaŭ lian pordon. Ŝi frapas ĉe la pordo por vekigi lin. Julo vekiĝas. Li frotas al si la okulojn, oscedas, etendas la membrojn kaj rigardas kioma horo estas ĉe la vekhorloĝo. Estas la horo por leviĝo. Tuj li elsaltas el la lito, surmetas sian kalsonon, siajn ŝtrumpojn kaj siajn pantoflojn; poste

li iras al sia tualettablo. Tie, li prenas la akvokruĉon kaj verŝas akvon en la pelveton. Post tio, li trempas la spongon en la akvon kaj purigas sian vizaĝon, siajn orelojn kaj sian kolon.

Kiam Julo sin tiel lavis, li viŝas sin per manviŝilo, brosas kaj kombas la harojn per harbroso kaj kombilo. Li neniam forgesas brosi la dentojn per dentbroso kaj pulvero aŭ dentakvo, kaj poste gargari la buŝon per iom da akvo. Fine li devas lavi siajn manojn. Li frotas ilin forte per sapo kaj li brosas zorge siajn ungojn per la ungobroso. Nun li estas tute pura, kaj li tuj vestas sin.

1. Je kioma horo devas Julo sin levi? — 2. Ĉu li vekiĝis? —
3. Kiu vekas lin? — 4. Kion faras la servistino por veki lin? —
5. Kion faras Julo, kiam li estas vekita? — 6. Kien li rigardas,
kioma horo estas? — 7. Kion li surmetas levante sin? — 8. Kien
li iras por lavi sin? — 9. Diru ĉion, kion li faras sin lavante. —
10. Per kio li viŝas sian vizaĝon? — 11. Per kio li kombas kaj
brosas siajn harojn? — 12. Ĉu li forgesas lavi siajn dentojn? —
13. Kion li uzas por purigi kaj brosi la dentojn? — 14. Per kio
li lavas siajn manojn? — 15. Kion li faras per la ungobroso?

GRAMMAIRE·

Manières de traduire **tout** :

— *Tout* signifiant *chaque, chacun,* se traduit par **ĉiu** et *tous,
toutes, tous les, toutes les* par **ĉiuj.**

Ex. : Tout homme doit travailler. *Ĉiu homo devas labori.*
— Tous étaient-ils là? *Ĉu estis ĉiuj tie ?* — On a fermé toutes
les portes. *Oni fermis ĉiujn pordojn.*

— *Tout* signifiant *chaque chose* se traduit par **ĉio** ; *tout ce
qui* par **ĉio, kio** et *tout ce que* par **ĉio, kion.**

Ex. : Tout est perdu. *Ĉio estas perdita.* — Tout ce qui est
utile. — *Ĉio, kio estas utila.* — C'est tout ce que je voulais.
Estas ĉio, kion mi volis.

— *Tout* dans le sens de *tout entier* se traduit par **tuta** et
dans le sens de *tout à fait* par **tute.**

Ex. : Cette maison est toute sa fortune. *Tiu domo estas sia
tuta riĉeco.* — Il a visité toute la France. *Li vizitis tutan
Francujon.* — Ses habits sont tout noirs. *Liaj vestoj estas tute
nigraj.* — La neige est toute blanche. *La neĝo estas tute blanka.*

Remarque : *Tout à coup* se traduit par **subite** ou **tuj** ; *tout
d'un coup* par **per unu fojo** ; *toutefois* par **tamen** et *toutes les
fois que* par **ĉiufoje kiam.**

Exercices oraux ou écrits.

VERSION

Miaj fratinoj estis tute surprizitaj. Ĉiu lernanto havas siajn kajerojn. La folioj de la arboj defalas ĉiujare. Nomu ĉiujn literojn de tiu vorto. Viaj manoj estas tute malpuraj. Ĉio, kion vi faros, estos bone farita. Metu ĉiujn viajn librojn en vian sakon. Ĉiuj sonoriloj sonoris. La vetero estas tute griza kaj pluvema. Ĉiufoje kiam mia kuzo venas, ni promenas kune. Ĉu vi lernis ĉiujn viajn lecionojn? Cu vi faris tutan vian taskon? La herbaro estas jam tute seka. Ĉiu sezono havas siajn plezurojn. Mi legis ĉiujn librojn, kiujn vi prunte donis al mi. La kuracisto havis tute nigrajn vestojn. Ne eltrinku vian glason per unu fojo. Subite la tondro ekbruis. Subite silento fariĝis. Ĉiufoje kiam mi vidas novan libron esper- antan, mi aĉetas ĝin.

THÈME

Tout a un commencement et une fin. On ne pense pas toujours à tout. Tout pour moi et rien pour les autres, disent les égoistes. Est-ce tout ce que vous désirez ? Tout ce qui brille n'est pas or. Cet homme a perdu tout son argent. Le vent a soufflé toute la nuit, Toutes les pommes sont tom- bées des arbres. J'ai vu hier tous mes amis. Vous êtes tout pâle ; êtes-vous malade ? Il est tout heureux et tout fier de (*pro*) son succès. Personne ne peut apprendre toutes les langues vivantes. Tout le monde peut apprendre l'esperanto, qui est la langue auxiliaire universelle. Elle est toute simple et toute facile. Jules doit se lever tous les jours à six heures. Tous les matins on est obligé de le réveiller, car il ne se réveille jamais. Tout à coup le ciel se couvrit de nuages tout noirs, mais le vent les dispersa tout d'un coup. Ne dépensez pas votre argent tout d'un coup.

Manières de traduire : en.

Sano kaj malsano.

— Bonan tagon, Karolo. Jam de centjaro oni ne vidis vin. *Kiel vi fartas?*

— Mi dankas, Ernesto, tre bone. Mi estas gaja kaj vigla; mi havas bonan apetiton, mi dormas bone kaj mi estas kontenta je la ekzistado.

— Mi ne povas diri la samon. Mi estas ofte malsaneta; jen mi havas dentdoloron, jen kapdoloron. La lastan semajnon, mi malvarmumis kaj mi havis nazkataron, poste bronkiton, kaj mi tusas ankoraŭ iom. Vi estas feliĉa, ke vi havas tiel belan sanon. Sed, kiel fartas via fratino Ludovikino?

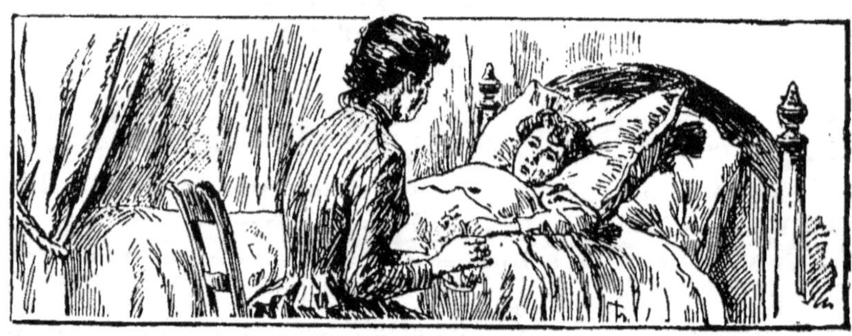

Mia fratino Ludovikino estas malsana. Ŝi kuŝas en lito pala kaj malvigla, kaj ŝi ne havas apetiton. Oni ne scias ankoraŭ, kiun malsanon ŝi havas. La kuracisto venis. Li ekzamenis la malsanulinon, li aŭskultis ŝin kaj palpis al ŝi la pulson. Nia patrino estis tre maltrankvila, sed la kuracisto trankviligis ŝin. « La malsano ne estas danĝera, li diris, ŝed la malsanulino devas resti en lito, ŝi havas febron. Mi tuj ordonos al ŝi trinkaĵon kaj pilolojn. »

Mi portis la recepton en la apotekon, kaj la apotekisto donis al mi la kuracilojn. Ludovikino diras, ke la trinkaĵo estas maldolĉa, sed ŝi trinkas ĝin regule kaj konscience, ĉar ĝi devas resanigi ŝin. Nu, jen venas Johano. Kio nova, amiko mia ? Ĉu oni fartas pli bone ĉe vi ?

Danke. Mia patrino estas tute restarigita, sed mia malgranda fratino havas la morbilon, mia frato havas la variolon. Mia alia frato havis anginon, kaj nun li havas la skarlatinon. Ĉar tiuj malsanoj estas komunikeblaj, mi loĝas ĉe miaj geavoj.

QUESTIONNAIRE

1. Pri kio estas la demando en la dialogo tie ĉi supre ? — 2. Kiom da knaboj parolas en ĝi ? — 3. Pri kio demandas Ernesto Paŭlon ? — 4. Kiel fartas Karolo ? — 5. Ĉu li havas bonan apetiton ? — 6. Ĉu li dormas bone ? — 7. Je kio li estas kontenta ? — 8. Kial Ernesto ne povas diri la samon ? — 9. Kiel estas nomita la fratino de Karolo ? — 10. Ĉu Ludovikino fartas tiel bone kiel ŝia frato ? — 11. Ĉu oni scias, kian malsanon ŝi havas ? — 12. Kiu venis por ekzameni la malsanulinon ? — 13. Kion diris la kuracisto al la patrino ? — 14. Kiu portis la recepton al la apoteko ? — 15. Kion alportis Karolo el la apoteko ? — 16. Kion vi scias pri la morbilo kaj la skarlatino ?

GRAMMAIRE

Manières de traduire en :

— *En* mis pour *dans* se traduit par **en**; mis pour *de* il se traduit par **el**.

Ex. : En été, en l'année, *en somero, en la jaro.* — Mon ami est en France. *Mia amiko estas en Francujo.* — Il ira bientôt en Amérique. *Li iros baldaŭ en Amerikon.* — La table est en bois. *La tablo estas el ligno.*

— *En* signifiant *de lui, d'elle, d'eux, d'elles, de cela, de là* se traduit par le pronom ou l'adverbe correspondant accompagné de la préposition convenable.

Ex. : Il en est aimé. *Li estas amata de li, ŝi, ili.* — Vous en a-t-il parlé ? *Ĉu li parolis al vi pri tio ?* — Nous en venons. *Ni venas de tie.* — J'aime le vin et j'en bois, *Mi amas la vinon, kaj mi ĝin* (ou : *da ĝi*) *trinkas.*

— *En* accompagnant un participe présent forme avec ce dernier une locution adverbiale qui se traduit par le participe-adverbe terminé en **e**. (Voir leçon 25.

Ex. : En me promenant, *promenante.* — En lisant, *legante.*

LEXICOLOGIE

La kuracisto ekzamenis la malsanulon.

— Le suffixe *ul* indique l'être caractérisé par la qualité qu'exprime la racine.

Ex. : *Juna*, jeune ; *la junulo*, le jeune homme. — *Riĉa*, riche : *la riĉulo*, le riche. — *Timo*, crainte ; *la timulo*, le poltron. — *Sano*, bien portant ; *la sanulo*, l'homme bien portant. — *Maljuna*, vieux : *la maljunulo*, le vieillard.

Exercices oraux ou écrits.

Formez avec les mots suivants des dérivés en **ul** et employez-les dans de petites phrases :

Petoli — kredi — kampo — krimo — bona — ftizo — fremda — ambicia — antaŭa — poste — drinkema — malsaĝa — babili — avara.

VERSION

Mi gratulas vin pri tio. Mi dankas vin pro tio. Mi estas certa pri tio. Mi havas sufiĉe da ĝi. Vi donis al mi tro da ĝi. Mi ne aŭdis paroli pri li. Ni foriris de tie ĝuste kiam ili alvenis. Forĝante oni fariĝas forĝisto. Lernante oni fariĝas instruitulo. Ĉiuj miaj kamaradoj estas miaj egaluloj. Ĉu vi vidis riprezenti « la Homevitulon ». Dunan estis fama homamulo. La rajto de la plifortulo estas ĉiam la plej bona. Tiu ekleziulo estas maniulo. La blinduloj estas malfeliĉaj. Falante ŝi rompis al si la brakon. Forirante, ni kisis niajn gepatrojn. Alproksimiĝante, mi vidas birdon en nesto. La infano alvenis kurante. Ĝemante marŝis la maljunulo. Mi malpurigis ludante miajn manojn. Malriĉulo penadas ofte imiti riĉulon. Cikado pasis la tutan someron kantadante. Kontentulo estas pli feliĉa, ol homo plej riĉa. Inter la blinduloj reĝas la strabuloj.

THÈME

Dans la chambre se trouvaient plusieurs vieilles chaises en bois. En été les jours sont longs, en hiver ils sont courts. Toutes les montres ne sont pas en or. En allant à l'école je suis tombé. J'ai rencontré mon ami en revenant de Paris. Ce jeune homme a été pendant deux ans en Allemagne. Je n'en ai jamais entendu parler. Mon oncle a été pendant deux ans en Amérique ; il en est revenu hier. Si je n'aimais pas le vin, je n'en boirais pas. Si vous aimez les fraises, mangez-en tant que vous voulez. J'ai vu de belles poires et j'en ai acheté deux douzaines. Donnez-m'en la moitié, je vous prie. Avez-vous des nouvelles du (*pri*) malade ? Oui, j'en ai reçu ce matin ; il va mieux. La rougeole peut être dangereuse ; on peut en mourir. Avez-vous beaucoup d'amis comme lui ? Il y en a peu comme lui. Est-ce que votre frère est remis de sa bronchite ? Voici des pilules ; prenez-en quatre par jour.

TRENTE-TROISIÈME LEÇON

Manières de traduire : y, il y a.

La urbo.

En la urbo, la domoj estas grandaj, altaj kaj belaj. Ili havas pli ol unu etaĝo. En la grandaj urboj estas ses- kaj sepetaĝaj domoj. La homoj, kiuj loĝas en la urbo, la loĝantoj de la urbo, estas urbanoj.

La domoj tuŝiĝas kaj faras longajn vicojn, kiuj enkadrigas la stratojn kaj placojn. La stratoj kaj placoj estas pavimitaj. La pavimo estas kutime el ŝtono, sed multaj stratoj estas pavimitaj per ligno aŭ asfalto. Sur la placoj oni vidas ĝenerale monumenton aŭ fontanon, aŭ la statuon de viro fama. Oni akvumas kaj balaas ofte la stratojn kaj placojn por purigi ilin.

La du flankoj de la strato, la trotuaroj, estas rezervitaj al piedirantoj. La mezo, la ŝoseo, estas rezervita al veturiloj. Laŭlonge de la trotuaroj staras gaslanternoj, kiujn oni ekflamigas vespere por lumigi la stratojn. Multaj urboj estas hodiaŭ lumigitaj per la elektra lumo.

La urbo estas dividita je kvartaloj. · Parizo enhavas dudek kvartalarojn, kiuj enhavas po tri aŭ kvar kvartaloj. Mi loĝas en unu el la plej belaj kvartaloj de la urbo.

Urbo, kiu havas multajn fabrikojn estas industria urbo. Roubaix en Francujo, Manchester en Anglujo, Barmen en Germanujo estas industriaj urboj. Se, male, estas en urbo multaj komercistoj, kiuj faras grandan komercon, la urbo estas komerca urbo : Londono en Anglujo, Leipsigo en Germanujo estas komercaj urboj. Fine, urbo, kiu kuŝas sur la bordo de la maro, estas apudmara urbo, ofte haveno. Marseille kaj Hamburgo estas marhavenoj.

La plej granda urbo en lando, aŭ tiu, en kiu loĝas la ŝtatestro kaj la superaj aŭtoritatoj de la lando estas ĉefurbo. Parizo estas la ĉefurbo de Francujo.

QUESTIONNAIRE

1. Pri kio temas tiu ĉi legaĵo ? — 2. Parolu pri la domoj de la urbo. — 3. Kiel oni nomas la homojn, kiuj loĝas en la urbo ? — 4. El kio la domoj estas konstruitaj ? — 5. Kiaj estas la stratoj kaj la placoj? — 6. El kio estas la strata pavimo ? — 7. Kion oni vidas ofte sur la placoj ? — 8. Kial oni akvumas kaj balaas la stratojn ? — 9. Ĉu la veturiloj iras sur la trotuaroj ? — 10. Kie troviĝas la gaslanternoj ? — 11. Kial oni ekflamigas ilin vespere ? — 12. Ĉu ĉiuj urboj estas lumigitaj gase ? — 13. Kiel la urbo estas dividita ? — 14. Kiel Parizo estas dividita ? — 15. Kiom da kvartalaroj estas en Parizo ? — 16. Ĉu la kvartaloj estas pli aŭ malpli multaj ol la kvartalaroj ? — 17. Kio estas industria urbo ? — 18. Kiam oni nomas urbon komerca ? — 19. Kio estas mara urbo? — 20. Nomu urbon industrian, urbon komercan, urbon maran. — 21. Kio estas ĉefurbo ? — 22. Kiu estas la ĉefurbo de Francujo ?

GRAMMAIRE

Manières de traduire **y, il y a** :

— *Y* signifiant *là* se traduit par **tie** quand on y est et par **tien** quand on y va.

Ex. : Je n'y ai pas été. *Mi ne estis tie.* — Nous y irons demain. *Ni iros tien morgaŭ.*

— *Y* signifiant *à lui, à elle, à cela* se traduit par le pronom correspondant accompagné de la préposition convenable.

Ex. : Y consentez-vous ? *Ĉu vi konsentas pri tio ?* — Je n'y pense pas (à elle). *Mi ne pensas pri ŝi.*

— *Il y a* se traduit généralement par **estas**; mais avec un complément de temps par **antaŭ**.

Ex. : Il y a des hommes, qui... *Estas homoj, kiuj...* — Y a-t-il beaucoup de cerises? *Ĉu estas multaj ĉerizoj ?* — Il est venu il y a huit jours. *Li venis antaŭ ok tagoj.* — Il y a six mois qu'il est parti. *Li foriris antaŭ ses monatoj.*

LEXICOLOGIE

La loĝantoj de la urbo estas urbanoj. — La ŝtat-estro loĝas en la ĉefurbo.

— Le suffixe **an** désigne le membre, le partisan, l'habitant.

Ex. : *Societo*, société ; *Societano*, sociétaire. — *Parizo*, Paris ; *Parizano*, parisien. — *Grupo*, groupe ; *Grupano*, membre de groupe.

— Le suffixe **estr** désigne le chef.

Ex. : *Urbo*, ville ; *Urbestro*, maire. — *Ŝtato*, État ; *Ŝtatestro*, chef d'État.

Exercices oraux ou écrits.

Formez avec les mots suivants des dérivés en **an** et en **estr** et employez-les dans de petites phrases :

1° **an** : vilaĝo — provinco — Londono — regno — Kristo — klubo — grupo — senato — polico — ideo — Romo — kamparo.

2° **estr** : ofico — regimento — polico — vilaĝo — ŝipo — muziko.

VERSION

En la grandaj urboj estas altaj domoj. Estas multe da fruktoj tiun ĉi jaron. Antaŭ du semajnoj mi vidis la urbestron. · Antaŭ du jaroj, ni estis nur ses grupanoj, hodiaŭ ni estas okdek. Ĉiuj esperantistoj estas samideanoj. Ĉiuj instruistoj ne estas lernejestroj. La Angloj estas insulanoj tial ke ili loĝas en insulo. Eĉ malsaĝaĵo povas havi partianojn. Mi ne povos iri tien. Mi estas tie, mi tie restas. Mi nenion povas pri tio. Mi nenion sciiĝis pri tio. Ĉu via patrino estas tie ?

THÈME

Allez-vous souvent à Paris ? J'y ai été le mois dernier et j'y retournerai le mois prochain. Quand j'y suis, je vais tous les soirs au théâtre. Il y a beaucoup de villes qui ont plusieurs centaines de mille d'habitants. Le pavé de cette rue est bien (*tre*) mauvais. Paris est une belle ville ; on y voit de grandes places, de larges rues, beaucoup de monuments, des parcs et des jardins publics. Allons sur l'autre trottoir ; on y marche plus aisément ; il y a moins de passants. Pensons-y toujours, mais n'en parlons pas. Il y a plus de six mois que je ne suis pas venu dans ce quartier. Le maire de la ville est mort il y a trois semaines.

TRENTE-QUATRIÈME LEÇON

Manières de traduire : celui qui, dont, où.

Priskribo de bildo.

Tiu ĉi bildo prezentas urbon. Tiu urbo kuŝas sur la rivero, kiu malsupreniras el la altaĵoj, kiujn oni vidas en la fundo, kaj serpentfluas tra la urbo. La rivero havas du bordojn, kiuj estas endigitaj per ŝtonaj muroj.

Antaŭe mi vidas ponton, kiu kondukas de unu bordo al la alia. Sur tiu ponto, mi rimarkas kelkajn personojn : unue almozulon, kiu sidas apud la parapeto. Ĝi estas malriĉa kaj maljuna blindulo ; li havas hundon, kiu lin gvidas. Li portas surskribon sur la brusto kaj ĉapelon en la mano ; li petas la preterirantojn pri almozo, li almozpetas. Proksime je li mi vidas policanon. Homo, kiu portas paketojn, demandas lin pri ia sciigo. Poste venas telegrafisteto, kaj enspez-kolektisto, kiu ekmarŝas sur la ponton por iri al alia bordo. En la angulo kaj iom dekstre, libro-vendisto vendas maljunajn maloftajn librojn al la amatoroj. Sur tiu sama ponto mi vidas ankaŭ homon, kiu portas gazetojn, gazetvendiston, gas-lampon kaj vojzorgiston, kiu akvumas la pavimon.

Pli malproksime, supre, troviĝas alia ponto. Tio estas ŝtona ponto. Ĝi havas du arkaĵojn kun kolonego en la mezo, sur kiu oni vidas la insignojn de la urbo. Tiu ponto kondukas al la stacio, kiun oni vidas maldekstre. Inter la du pontoj, dekstre, haltadas platŝipo, apud la enŝipejo. Sur la kajo kuŝas diversaj komercaĵoj, kiuj estas ŝargotaj sur la ŝipon. Vaporŝipo pasas ĝuste sub la ponto. La veturantoj sidas sur la ferdeko, kaj malantaŭe troviĝas la direktilisto ĉe la direktilo. Li direktas la ŝipon. Trans la ponto, multe pli supre, mi vidas lavŝipon aŭ naĝejon kaj alian vaporŝipon. Tiu ĉi estas trenŝipo kaj li trenas kelkajn barkojn.

Sur la strato mi vidas multajn veturilojn. En la grandaj urboj fiakroj, omnibusoj, tram(voj)oj, komercveturiloj kaj ŝarĝveturiloj kruciĝas de frue matene ĝis malfrue nokte. Inter ĉio tio, la bicikledoj aŭ la tricikledoj aŭ la aŭtomobiloj akre bruas. Ĝi estas ofte tiel granda tumulto, ke oni apenaŭ sian propran parolon aŭdi povas.

Sur la teretaĝo de la plejmulto de la domoj estas tre diversaj butikoj. Jen oni vidas tolaĵvendejon, jen ĉapelvendejon, jen horloĝvendejon, jen restoracion, jen bankon kaj multajn aliajn plu.

QUESTIONNAIRE

1. Kion prezentas tiu bildo ? — 2. Kie kuŝas tiu ĉi urbo ? — 3. De kie venas tiu rivero ? — 4. Kiamaniere ĝi trafluas la urbon ? — 5. Kiaj estas la bordoj de la rivero ? — 6. Kiom da pontoj vi vidas super la rivero ? — 7. Kion vi rimarkas sur la ponto antaŭa ? 8. Kio estas tiu viro sidanta apud la parapeto ? — 9. Kion vi vidas sur lia brusto ? — 10. Ĉu li havas ĉapelon sur la kapo ? — 11. Kial li tenas sian ĉapelon en la mano ? — 12. Kiaj estas la aliaj personoj proksime je li ? — 13. Kion vi vidas en la dekstra angulo de la ponto ? — 14. Diru, kion vi vidas ankaŭ sur tiu sama ponto ? — 15. Parolu pri la alia ponto. — 16. Kien kondukas aŭ irigas la ponto ? — 17. Kiom da ŝipoj vi vidas sur la rivero ? — 18. Kion

vi vidas sur la ŝipo, kiu pasas sub la ponto ? — 19. Kio estas trenŝipo ? — 20. Kiajn veturilojn oni vidas en la strato ? — 21. Kio rezultas el la multeco de tiuj veturiloj ? — 22. Kion oni vidas sur la teretaĝo de la plejmulto de la domoj ? — 23. Nomu kelkajn specojn de butikoj.

GRAMMAIRE

Manières de traduire **celui qui (que)**, **dont**, **où**.

— *Celui qui*, se traduit par **tiu, kiu**.

Ex. : Celui qui lit s'instruit. *Tiu, kiu legas, instruas sin.* — Je prends celle qui est près de moi. *Mi prenas tiun, kiu estas apud mi.* — Prenez ceux que vous voudrez. *Prenu tiujn, kiujn vi volos.*

— *Dont, à qui*, se traduit par **kies**, sans article, quand il marque une idée de possession.

Ex. : L'homme dont la maison a brûlé... *La homo kies domo brulis...* — La femme dont vous avez acheté la maison... *La virino, kies domon vi aĉetis...* — A qui est ce jardin ? *Kies estas tiu ĉi ĝardeno ?*

— *Dont*, sans idée de possession, se traduit par **kiu**, précédé d'une préposition, (généralement *pri, de* ou *el*).

Ex. : L'affaire dont je vous ai parlé... *La afero, pri kiu mi parolis al vi...*

— *Où*, pronom, remplaçant *lequel* précédé d'une préposition, se traduit par **kiu** ou **kio**.

Ex. : Le pays d'où je viens. *La lando, el kiu mi venas.* — Le jour où je suis arrivé. *La tago, en kiu mi alvenis.* — D'où nous pouvons conclure... *El kio, ni povas konkludi...*

— *Où* se traduit par **kie** quand il marque *le lieu* et par **kiam** ou **en kiu** quand il marque *le temps*.

Ex. : Où avez-vous été ? *Kie vi estis ?* — Où est-il allé ? *Kien li iris ?* — Jusqu'au jour où... *Ĝis la tago, kiam...* — Le temps où nous vivons... *La tempo en kiu ni vivas...*

VERSION

Tiu, kiu volas, povas. Tiu ĉi libro ne estas tiu, kiun mi legis. Kies domo estas tiu ĉi ? Jen estas ĉiuj miaj libroj ; legu tiujn, kiujn vi volos. Se vi amas la florojn, prenu ĉiujn tiujn, kiuj plaĉos al vi. Tio, kio pasis, ne revenos. Tion, kion Parizo aplaŭdis, ofte Berlino mallaŭdas. [Tiu], kiu havas forton, havas rajton. [Tiu], kiu multe minacas, ne estas danĝera. [Tiuj], kiuj ludas kun koto, malpurigas la manojn. La momento, en kiu mi parolas, estas jam malproksime de mi. Ĉu vi konas la junulon, kies gepatroj loĝas tie ĉi ? Ĉu vi forgesis tiujn, de kiuj vi estas tiom amata ? La familio el kiu eliras tiu komercisto estas tre estimata. Mi perdis la libron, pri kiu mi parolis al vi. Memoru tion, pri kio mi hieraŭ parolis al vi.

THÈME

De quel livre parlez-vous ? De celui que vous avez acheté ou de celui que je vous ai donné ? Cette rivière-ci est plus large et plus profonde que celle qui traverse notre ville. On voit beaucoup de mendiants ; ils sont tous infirmes ; celui qui est assis sur le trottoir du pont là-bas est aveugle. L'homme que vous voyez à côté de lui avec des journaux sous le bras est un marchand de journaux. La ville dont nous parlons est située sur une petite rivière. Les enfants dont les parents meurent de bonne heure sont à plaindre. Voici le monsieur dont vous avez vu le fils ce matin. Voulez-vous me dire où on vous a acheté cette montre ? Demandez à cet homme qui il est, d'où il vient, et où il va. Je serai obligé de travailler jusqu'au jour où je ne pourrai plus rien faire. Connais-tu le pays où fleurit l'oranger ? C'était à l'époque où son grand père vivait encore.

TRENTE-CINQUIÈME LEÇON

Récapitulation des déterminatifs simples.

Mia strato.

Mia strato ne estas tiel bela, kiel bulvardo kun belegaj magazenoj aŭ kiel arbostrato. Ĝi enhavas nek palacojn nek luksajn domojn. Ĝi eble ne estas tiel vivplena, kiel tiu ĉi aŭ tiu strato de la kvartalo, sed la vivo ne mankas en ĝi kaj la laborado haltas neniam.

Matene, frue, oni aŭdas la seruriston bati la feron ; oni vidas la paniston kaj la buĉiston saluti la karbiston, kaj la fruktvendistinon elmeti la provizojn, kiujn ŝi alportis de la haloj. Tie ĉi loĝas la tajloro, ĉe kiu mi igas fari la vestojn ; tie la ŝuisto, kiu faras miajn ŝuojn, kaj kontraŭe troviĝas la butiko de la spicisto, ĉe kiu ni aĉetas la kafon, la sukeron, la salon, la pipron kaj la kandelon.

Apud la vestpurigisto loĝas la kukisto, ĉe kiu mia patrino aĉetas bonegajn pasteĉetojn kaj la fadenistino, kiu vendas fadenon, kotonon, rubandojn, pinglojn kaj kudrilojn. Pli malproksime troviĝas la butiko de la laktovendistino, kiu sendas al ni lakton, buteron, fromaĝon kaj ovojn, kaj apud ŝi, ĉe unu flanko la kolorilvendisto kaj ĉe la alia la ladvendisto, kiu vendas tranĉilojn, forketojn, najlojn kaj aliajn ferajn objektojn.

Jen la ĉapelisto staras antaŭ sia pordo kun la tapetisto, sia najbaro. La horloĝisto malfermas sian montrofenestron, kaj la kombisto havas jam kelkajn klientojn en sia butiko. La lavistino gladas la tolaĵon de siaj klientoj ; la kudristino sidas antaŭ sia kudromaŝino, kaj la modistino rapidas por fini ĉapelon, kiun ŝi devas tuj liveri. Fine, ĉe la angulo, vi vidas ĉe unu flanko la porkaĵiston, kaj ĉe la alia la paperiston, kie mia patro aĉetas ĉiumatene sian gazeton.

QUESTIONNAIRE

1. Ĉu via strato estas plantita per arboj ? — 2. Ĉu ĝi enhavas riĉegajn magazenojn kaj luksegajn palacojn? — 3. Ĉu ĝi estas tiom vivplena, kiom aliaj stratoj de la kvartalo? — 4. Ĉu ĝi nehavas vivecon? Ĉu viveco mankas al ĝi? — 5. Kio neniam mallaboras en ĝi? — 6. Kion oni aŭdas matene frue? — 7. Kion faras la viandisto kaj la panisto ? — 8. De kie la legomvendistino serĉis siajn provizojn ? — 9. Kion vi igas fari ĉe la tajloro ? — 10. Kie vi aĉetas viajn ŝuojn? — 11. Kia magazeno troviĝas kontraŭ via ŝuisto ? — 12. Kion vi aĉetas ĉe la spicisto ? — 13. Kie loĝas la kukisto ? — 14. Kion aĉetas via patrino ĉe la kukisto ? — 15. Kion vendas la merceristino aŭ fadenistino ? — 16. Kia butiko troviĝas pli malproksime? — 17. Kion la laktovendistino sendas al vi ? — 18. Kiu loĝas apud ŝi ? — 19. Kiu estas la najbaro de la tinkturisto ? — 20. Kion faradas la lavistino ?... la modistino ? — 21. Kie via patro aĉetas sian ĵurnalon ?

GRAMMAIRE

Récapitulation des déterminatifs simples.

Individualité	Neutre	Qualité	Possession
iu quelqu'un	**io** quelque chose	**ia** quelque, un certain, une espèce de	**ies** de quelqu'un, à quelqu'un
kiu qui, lequel	**kio** quoi	**kia** quel, quelle sorte de	**kies** de qui, à qui
tiu, tiu ĉi ce, celui-là, celui-ci	**tio** cela	**tia** tel	**ties** d'un tel, à un tel
ĉiu chaque, cha- cun, tout	**ĉio** tout	**ĉia** chaque, de chaque espèce, toute espèce de	**ĉies** de chacun, à chacun
neniu ne... personne	**nenio** rien	**nenia** ne... nul, au- cune espèce de	**nenies** ne... de per- sonne

REMARQUE : Il ne faut pas oublier que les mots qui commencent par *neni* sont négatifs par eux-mêmes et qu'ils ne doivent par conséquent jamais être accompagnés de la négation **ne**.

VERSION

Ĉu iu el vi lernas esperanton ? Ni ĉiuj lernas fervore esperanton. Neniu estas kontenta pri sia sorto. Neniu eliru kaj ĉiuj silentu. Kian supon ni manĝos tiun ĉi vesperon ? Li pasigas la tutan tagon fumante, farante nenion. Ni havas en nia ĝardeno ĉiajn fruktojn. Vi povas iri tien sen ia timo. Ĉies amiko, nenies amiko. Apud plena manĝotablo ĉiu estas tre afabla. Al tiu ĉio cedas, kiu monon posedas. Kia la semo, tia la rikolto ; kia ago, tia pago. Ĉiu estis junulo, ĉiu estis pekulo. Kia drapo, tia vesto. Ĉiu havas sian propran guston. Neniu estas profeto en sia patrolando. En Islando kreskas nenia frukto. Mono perdita, nenio perdita ; honoro perdita, ĉio perdita. Kion ni ne konas, tion ni ne deziras. Ĉiu komenco estas malfacila.

THÈME

Quelqu'un est-il venu pendant mon absence? Non, monsieur, personne n'est venu. Cet homme est insupportable, il trouve toujours quelque chose à critiquer. Prenez du papier quelconque. Qu'avez-vous entendu? Nous n'avons rien vu et rien entendu. Quel porte-monnaie avez-vous trouvé, un noir ou un brun? Lequel de vous, jeunes gens, a perdu ce couteau-ci? Ce doit être le couteau de quelqu'un. Je me demande à qui il peut être. Cela n'est pas possible. Il n'y a qu'un tel élève qui peut faire un tel devoir. Personne ne peut dire : je sais tout. Chacun doit obéissance à la loi. Chaque maison a son propriétaire. L'église est la maison de chacun. Il n'avait nulle idée. La laitière nous apporte tous les matins du lait et du beurre. Est-ce que le teinturier a nettoyé ma veste et mon pantalon? Ils sont nettoyés, mais pas encore repassés. Nous achetons le fil, les aiguilles et les épingles chez la mercière.

TRENTE-SIXIÈME LEÇON
Récapitulation des adverbes simples.

La publikaj konstruaĵoj.

En la urbo estas ne nur loĝdomoj, sed ankaŭ kasteloj, palacoj kaj ĉiuj specoj de publikaj konstruaĵoj, kiuj havas ĉiuj sian specialan difinon.

En la urbdomo kunvenas la urba konsilantaro sub la prezido de la urbestro, aŭ, ĉe lia neĉeesto, de la vicurbestro, por diskuti pri la interesoj de la urbo. En la juĝpalaco aŭ la juĝejo la advokatoj defendas la kulpigitojn. La juĝoj aŭskultas la atestantojn kaj la pledon de la advokato kaj elparolas sian juĝon. Ili senkulpigas aŭ kondamnas la kulpigiton laŭ tio, ke li estas montrita senkulpa aŭ kulpa.

En la teatro ni vidas aktorojn kaj aktorinojn sur la scenejo, kie ili deklamas aŭ kantas sian rolon. En la muzeo estas ekspoziciitaj pentraĵoj, statuoj kaj ĉiuj specoj de artaj, antikvaj aŭ kuriozaj objektoj. En la ĉefpreĝejo kaj la preĝejoj, la pastroj faras la religian servadon. En la gimnazio, en la liceo kaj en la lernejoj la profesoroj kaj la instruistoj instruas la infanojn, knabojn kaj knabinojn. En la malsanulejo la kuracisto kaj la flegistoj aŭ flegistinoj flegas la malsanulojn kaj kriplulojn. La soldatoj loĝas en la soldatejo.

QUESTIONNAIRE

1. Ĉu estas nur loĝdomoj en la urbo ? — 2. Kiu kunvenas en la urbodomo ? — 3. Kial la urba konsilantaro kunvenas ? — 4. Kion faras la advokatoj kaj juĝistoj en la juĝejo ? — 5. Kial ni iras en

la teatron ? — 6. Kion oni vidas en muzeo ? — 7. Kion oni faras en la preĝejo ? — 8. Kio estas gimnastikejo ? — 9. Kio estas gimnazio aŭ liceo ? — 10. Kiuj estas en la malsanulejo ? — 11. Kiu flegas la malsanulojn ? — 12. Kie loĝas la soldatoj ?

GRAMMAIRE

Récapitulation des adverbes simples.

Lieu	Temps	Manière	Cause	Quantité
ie quelque part	**iam** un jour	**iel** d'une façon quelconque	**ial** pour une raison quelconque	**iom** quelque peu, un peu
kie où	**kiam** quand	**kiel** comment	**kial** pourquoi	**kiom** combien
tie, là : **tie ĉi**, ici	**tiam** alors	**tiel** ainsi, si	**tial** c'est pourquoi, parce	**tiom** autant
ĉie partout	**ĉiam** toujours	**ĉiel** de toutes façons	**ĉial** pour toutes les raisons	**ĉiom** le tout
nenie ne... nulle part	**neniam** ne... jamais	**neniel** ne... nullement	**nenial** ne.. pour aucune raison	**neniom** ne... rien du tout

REMARQUE : Même observation qu'à la leçon précédente pour les mots commençant par **neni**.

VERSION

Mi ne povis trovi mian plumingon ie en la ĉambro, aŭ : mi nenie povis trovi mian plumingon en la ĉambro ; ĉu vi kaŝis ĝin ien? Nun la esperantistoj trovas ĉie samideanojn. Tian komercaĵon oni povas aĉeti ĉie. Kie estas la poŝtoficejo? Kien veturas tiu

ĉi vagonaro? Mi iras tien. Kie ajn li estas, mi trovos
lin. Ĉu via onklo estis hieraŭ tie ĉi? Li estas neniam
kontenta. Oni devas esti ĉiam ĝentila. Kiam li venos,
vi sendu lin tuj al mi. Kiel vi fartas? Venu kiel
eble plej baldaŭ. Li ne estas tiel granda, kiel mi.
Mi aprobas lin neniel. Kial vi ne venis hieraŭ? Ial
li subite forlasis Parizon. Li estas laborema; tial
mi rekompencos lin. La vetero estas iom pli mal-
varma ol hieraŭ. Jen estas kuko, prenu iom da
ĝi, sed ne prenu ĉiom. Kiom da literoj havas tiu
vorto? Kiom da loĝantoj estas en Parizo? Mi deziras
tiom da akvo, kiom da vino. Lupo ĉiam serĉas
arbaron. Li mensogas, kiel gazeto. Li mensogas
tiel, ke la muroj krakas. Prenu [tiom] kiom vi volas.
Ne ĉiam estas festo. Kiom da homoj, tiom da
opinioj. Kiel oni sternas, tiel oni dormas. Kie pano
estas, tie musoj ne mankas. Kie maldike estas, tie
rompiĝas.

THÈME

J'ai entendu cela quelque part, mais je ne sais
plus où? Un jour nous étions assis là avec nos
amis. A-t-il dit cela pour une raison quelconque?
Cet homme est quelque peu oublieux; il devrait
se corriger d'une façon quelconque. Où étiez-vous
donc hier? Je vous ai cherché partout et ne vous
ai trouvé nulle part. Quand il pleut nous restons
toujours chez nous. Cela est si facile que je
ne sais pas comment on peut ne pas comprendre.
Pourquoi votre ami n'est-il pas venu avec vous?
Il est resté chez lui parce qu'il était indisposé.
Je n'ai nullement faim. Il ne le ferait pour aucune
raison. Portez votre lettre à la poste et dépêchez-
vous, si vous voulez qu'elle parte aujourd'hui.

TRENTE-SEPTIÈME LEÇON

Prépositions employées comme préfixes.

La poŝto.

— Vi deziras sendi leteron al amiko, kiu loĝas en Marseille. Nenio estas pli facila. Sufiĉas skribi la leteron, enmeti ĝin en koverton, surskribi la adreson, kaj algluigi poŝtmarkon. Tiel la letero estas afrankita, kaj vi povas nun meti ĝin en la poŝtkeston.

— Tamen, kiel tiu letero iros ĝis Marseille ?

— Aŭskultu. Tuj poŝtisto venos malplenigi la keston. Li portos la leterojn en la poŝtoficejon. Tie, aliaj poŝtoficistoj disspecigas, stampas kaj ordigas ilin laŭ la adreslokoj, poste metas ilin en sakojn, kiujn ili ekspedas per la fervojo.

— Mi komprenas. Mia letero iras per fervojo ĝis Marseille. Sed, tiam, kiel ĝi trovos la domon de mia amiko !

— Tiam la sako en kiu troviĝas via letero estos portita en la Marseille’an poŝtoficejon, poŝtisto prenos ĝin kaj portos ĝin al via amiko.

— Tio estas mirinda. Tamen, kio okazus se mi ne afrankus mian leteron?

— Via letero estus malgraŭ tio ekspedita. Sed ĝi estus supertaksita kaj via amiko devus pagi duoblan transportan pagon.

— Kaj se, neatente, mi afrankus ĝin nesufiĉe ?

— Tiam, ĝi estus aldone taksita je duoblo de la valoro de la mankantaj poŝtmarkoj.

— Ĉu la poŝto ekspedas nur leterojn ?

— Ĝi ekspedas ankaŭ poŝtkartojn, gazetojn, ĉiuspecajn presaĵojn, poŝtajn paketojn kaj eĉ monon.

— Tamen, se la mono perdiĝas dum la vojo ?

— Kiam oni sendas monon per letero, oni igas enskribi ĝin, oni deklaras la valoron, kaj la poŝto garantias ĝin.

— Kiam la letero estas urĝa, ĉu oni povas alvenigi ĝin pli rapide ?

— En tiu okazo, oni iras al telegrafejo, kaj oni sendas telegramon aŭ depeŝon. Oni eĉ povas telefoni.

QUESTIONNAIRE

1. Al kiu vi deziras sendi leteron ? — 2. Kie loĝas via amiko ? — 3. Ĉu estas malfacile sendi leteron ? — 4. Kion sufiĉas fari ? — 5. Kion oni devas fari por afranki leteron ? — 6. Kion vi faras, kiam la letero estas skribita kaj afrankita ? — 7. Kiel via letero eliros el tiu ĉi kesto kaj iros ĝis Marseille ? — 8. Kio okazus se vi forgesus afranki ĝin ? — 9. Ĉu la poŝto ekspedas nur leterojn ? — 10. Kion oni devas fari, kiam oni sendas monon per letero ? — 11. Kial estas konsilinda enskribigi ĝin kaj deklari la valoron ? — 12. Por kio servas aŭ utilas la telegrafo kaj la telefono?

GRAMMAIRE

Prépositions employées comme préfixes.

al	à, vers	**aldoni**, ajouter ; **alporti**, apporter.
antaŭ	avant, devant	**antaŭdiri**, prédire ; **antaŭiri**, précéder.
de	de (point de départ)	**deveni**, provenir, venir de ; **deiri**, s'éloigner.
el	de (sortir, parachèvement)	**eliri**, sortir ; **ellabori**, achever.
en	dans, en	**eniri**, entrer ; **enhavi**, contenir ; **enskribi**, inscrire.

for	loin, au loin	**foresti**, être absent ; **foriri**, s'éloigner.
inter	entre, parmi	**interparoli**, causer ; **interŝanĝi**, échanger.
kontraŭ	contre, en face	**kontraŭdiri**, contredire ; **kontraŭstari**, s'opposer.
kun	avec, en compagnie de	**kunveni**, se réunir ; **kunlabori**, collaborer.
per	par, au moyen de	**perlabori**, obtenir par son travail.
preter	outre, plus loin	**preterpasi**, dépasser.
pri	concernant	**pripensi**, réfléchir à... ; **priskribi**, décrire.
sen	sans	**senzorgema**, négligent ; **senigi**, priver de ; **senvestigi**, déshabiller.
sub	sous, au dessous de	**subskribi**, souscrire ; **subteni**, soutenir.
super	sur, au dessus de	**supermezura**, démesuré ; **superflui**, déborder.
supre(n)	en haut	**supreniri**, monter.
sur	sur, dessus	**surmeti**, mettre sur ; **surskribi**, inscrire.
tra	à travers, d'un bout à l'autre	**trairi**, traverser ; **tralegi**, lire d'un bout à l'autre.
trans	au-delà	**transloki**, déplacer ; **transkribi**, transcrire ; **transiri**, franchir.

VERSION

La birdo deflugis de la arbo teren, sed kiam mi alproksimiĝis, li forflugis, kaj ĉiuj aliaj birdoj kiuj staris sur la proksimaj arbetoj disflugis. Malfeliĉo ofte kunigas la homojn, kaj feliĉo ofte disigas ilin. Li disŝiris la leteron kaj disĵetis ĝiajn pecetojn en ĉiujn angulojn de la ĉambro. La malamikoj deĵetis la armilojn, kaj forkuris. Promenante en la ĝardeno, ni deŝiris multajn florojn por fari bukedon. Li demetis la ĉapelon, kiam li eniris en la ĉambron.

Li disŝutis la sukeron sur la kukon. La infano renversis la inkujon kaj disverŝis la inkon sur mian novan naztukon. Mi pripensas senĉese pri tio, kion via frato diris al mi. La birdo flugis trans la riveron, ĉar trans la rivero estis kunvenintaj aliaj birdoj. Trapasinte la arbaron, li preterpasis la vilaĝon, transpasis la riveron per la ponto, kaj alvenis domen. Tra la mondo iras forta voko. Hieraŭ mi vidis aerostaton super la monteto. Estas densa arbaro sur la monteto. Kial li ĉiam konservas la ĉapelon sur la kapo? Lampo pendis super niaj kapoj. La malfeliĉa patrino ne supervivis la morton de sia filino. Kial vi kontraŭstaris al mia deziro?

THÈME

Qui est-ce qui apporte les lettres? Que faut-il ajouter à un substantif pour former le pluriel? Le café provient des pays chauds. Personne ne peut prédire l'avenir. On entre et on sort par (*tra*) la porte. Cette caisse contient des fruits. Ne vous éloignez pas. Entrez et montez au deuxième étage. Mettez votre pardessus, il fait froid. Qui est-ce qui a déplacé la pendule? Les deux amis causaient depuis une heure. Le conseil municipal se réunira demain ou après-demain. Plusieurs de nos amis étaient absents. Nous avons traversé toute la ville en tramway. Il a lu ce livre d'un bout à l'autre en moins de deux heures.

TRENTE-HUITIÈME LEÇON

Récapitulation de la conjugaison.

Pejzaĝo en Somero.

Tiu ĉi bildo montras pejzaĝon en somero. Maldekstre ni vidas la kamparon kaj dekstre malgrandan riveron. Sur la maldekstra bordo de la rivero staras muelejo. Ŝtona ponto trairas la riveron kaj kondukas al la muelejo, kie loĝas la muelisto kaj la muelistino. En la muelejo muelas la muelisto la grenon. La interna parto de la greno liveras la farunon, el kiu la panbakisto faras panon. La ekstera parto de la greno, la ŝelo, liveras la branon, kiu servas al la nutrado de la brutaro.

Antaŭ la muelejo ni vidas barkon. Du homoj estas en tiu barko. Unu tenas remilon en la manoj. Li estas la boatisto; li gvidas kaj direktas la barkon. La alia ĵetas reton en la akvon. Li estas fiŝkaptisto; li fiŝkaptas. Li kaptas gobiojn, karpojn kaj ezokojn. Ni vidas ankaŭ la anserojn kaj la anasojn de la muelistino; ili amas naĝi en la akvo, kaj ili povas naĝi tre bone, ĉar ili havas membranhavajn piedojn.

Sur la dekstra bordo ni ekvidas preskaŭ kontraŭ la muelejo, kaj ne malproksime de la ponto alian fiŝkaptiston. Li ne havas reton; li fiŝkaptas per hokfadeno. Apud li kuŝas sur la tero diversaj fiŝkaptiloj. Pli proksime je ni, ĉiam sur la sama bordo ĉe turniĝo de la rivero ni vidas du virinojn. Ili sidas sur genuoj kaj lavas tolaĵon. Tio estas lav-

istinoj. Post ili ni ekvidas korbon plenan je tolaĵo.
Ili jam lavis kelkajn pecojn kaj etendis ilin en la
suno por ke ili sekiĝu. Unu el la du virinoj mal-
fermis grandan ombrelon por ŝirmi sin kontraŭ la
sunradioj.

En la kamparo la greno estas orflava ; ĝi estas
matura. Estas la tempo de la rikolto. La rikolt-
istoj kaj rikoltistinoj venis kun falĉiloj kaj falĉiletoj.
Ili falĉas la grenajn trunketojn, kaj kunligas ilin en
garbojn, kiujn ili ŝarĝas sur veturilon por porti en
la garbejon aŭ aranĝi amase en grandajn garbarojn.

Kiam la rikolto estas finita, oni draŝas la grenon
per draŝiloj aŭ draŝmaŝino. La greneroj estas port-
ataj en la muelejon kaj la pajlo restas en la garbejo.
Ĝi servas por la nutrado kaj la kuŝiĝado de la
brutaro.

QUESTIONNAIRE

1. Kion montras tiu ĉi bildo? — 2. Kion ni vidas maldekstre?
— 3. Kia estas la konstruaĵo sur la maldekstra bordo de la
rivero ? — 4. Kien kondukas aŭ irigas la ponto, kiu estas super
la rivero ? — 5. Kiu loĝas en la muelejo? — 6. Kion faras la
muelisto ? — 7. Kia parto de la greno donas la farunon ? —
8. Kion oni faras el la brano ? — 9. Kion vi vidas antaŭ la
muelisto ? — 10. Kiu estas en tiu barko ? — 11. Kion faras la
boatisto per la remilo ? — 12. Kial la alia viro ĵetas reton en la
akvon ? — 13. Ĉu vi ne vidas ion alian sur la rivero ? — 14. Kion
faras tiu viro, kiu estas sur la alia bordo, preskaŭ kontraŭ la
muelejo? — 15. Ĉu li fiŝkaptas ankaŭ per reto? — 16. Kion vi
vidas apud li? — 17. Kiaj estas la du virinoj surgenuantaj ĉe la
bordo de la rivero ? — 18. Kion ili faras tie ? — 19. Kion vi vidas
post ili ? — 20. Kiamaniere ili sekigas la tukaron? — 21. Kial
unu el ili malfermis grandan sunombrelon?

GRAMMAIRE
Récapitulation de la Conjugaison.

CONJUGAISON ACTIVE   CONJUGAISON PASSIVE

Participes

Présent : **amanta,** aimant   **amata,** étant aimé
Passé :   **aminta,** ayant aimé   **amita,** ayant été aimé
Futur : **amonta,** devant aimer **amota,** devant être aimé

Présent de l'indicatif

Mi amas, j'aime   **Mi estas amata,** je suis aimé

Imparfait et passé défini

Mi amis, j'aimais, j'aimai   **Mi estis amata,** j'étais, je fus aimé

Passé indéfini

Mi estas aminta, j'ai aimé   **Mi estas amita,** j'ai été aimé

Plus-que-parfait et passé antérieur

Mi estis aminta, j'avais, j'eus **Mi estis amita,** j'avais été, j'eus
  aimé   été aimé

Futur

Mi amos, j'aimerai   **Mi estos amata,** je serai aimé

Futur antérieur

Mi estos aminta, j'aurai aimé **Mi estos amita,** j'aurai été aimé

Présent du conditionnel

Mi amus, j'aimerais   **Mi estus amata,** je serais aimé

Passé du conditionnel

Mi estus aminta, j'aurais aimé **Mi estus amita,** j'aurais été aimé

Impératif

'**[Vi] amu,** aime, aimez   **Estu amata,** sois, soyez aimé
Ni amu, aimons   **Ni estu amataj,** soyons aimés

Présent et imparfait du subjonctif

Mi amu, que j'aime (-asse) **Mi estu amata,** que je sois
                        (fusse) aimé

Parfait et plus-que-parfait du subjonctif

Mi estu aminta, que j'aie, **Mi estu amita,** que je sois
  (eusse) aimé   (fusse) aimé

Exercices oraux ou écrits.

VERSION

Mi estis tuj skribonta al vi, kiam vi alvenis. La nokto ankoraŭ ne estis veninta. La knabo havis arĝentan poŝhorloĝon, kiun li estis ricevinta pro sia nomfesto. Vi estus devinta ne forgesi la ordonon de via mastro. Ĉiuj tiuj kampoj estas posedataj kaj kulturataj de mia kuzo. Se li estus veninta, mi estus lin vidinta. Mi rememoras pri ridinda fakto, kiu estas okazinta en mia lando. Mi estis de longe rimarkinta tiun laktovendejon, sed neniam mi estis tien enirinta. Reiru malantaŭen, aŭ vi estos baldaŭ mortinta. Vi ne devos plendi, ĉar vi mem estos ĝin volinta. Kiam li estis enironta en la arbaron, li ekvidis arbohakiston, kiu fendis lignon maltrankvile rigardante ĉiuflanke. La tuj subironta suno fariĝas ruĝa. La tempo venonta estas nenies (aŭ : apartenas al neniu). Ni estis tuj elirontaj, kiam ekpluvegis. Li estis tuj falonta. Mi kredas, ke li estas baldaŭ mortonta. Mi esperas, ke mia frato estas tuj alvenonta.

THÈME

Dès que j'aurai reçu la lettre que j'attends, je partirai. Lorsque j'ai eu amassé la somme, j'ai acheté le nouveau livre. Il faut que vous ayiez fini votre travail, avant que je revienne. Je ne crois pas qu'il sera revenu avant trois heures. Dites lui que je désire qu'il soit revenu avant quatre heures. Nous avons revu la personne qui a apporté cette lettre. Aurez-vous fini votre devoir avant le dîner ? Prenez garde (*gardu vin*), vous aller tomber. J'aurais bien désiré qu'il fût arrivé avant mon départ. Quand vous m'en avez parlé, j'avais déjà envoyé ma lettre. Quand vous lui aurez raconté la chose, elle vous croira. Si vous aviez été aussi attentif que votre frère, vous auriez fait autant de progrès que lui. Si j'avais su cela, je ne les aurais pas invités.

TRENTE-NEUVIÈME LEÇON

Récapitulation générale.

La mineraloj.

Jen la mineralogia galerio. Eniru ni tien ĉi, ni havas ankoraŭ tempon por viziti ĝin.

Vi demandas por kio utilas tiuj ŝtonoj, kiuj estas tiel zorge surskribitaj en tiuj vitroŝrankoj. Tiuj ĉi, post kiam ili estos ĉirkaŭtranĉitaj kaj poluritaj, liveras la brilegajn diamantojn, per kiuj sin ornamas la riĉuloj. Tiuj estas koraloj, rubenoj, smeraldoj, turkisoj, kaj aliaj gemoj aŭ juvelŝtonoj, kiujn la juvelisto enfiksas en orajn ringojn kaj aliajn luks-aĵojn.

Tiu dika bloko nigra kaj brila estas la terkarbo, kiun ni uzas por hejti ne nur la fornojn, kamenojn kaj kuirfornojn, sed ankaŭ, kaj precipe, la kaldron-egojn de la lokomotivoj, de la vaporŝipoj kaj de la fabrikejoj. Distilante ĝin, ni ricevas la lumgason, la gudron kaj multe da kolorigaj materioj.

Pli malproksime, vi vidas la minaĵojn, kiuj donas al ni la metalojn. Jen oro kaj arĝento, tiuj valoraj metaloj, kiuj utilas por fabriki la monon kaj multe da ornamaĵoj kaj luksaĵoj ; kupro, el kiu la kaldron-isto faras kaldronojn kaj kaldronegojn, kaj kiu, fadenigita, transportas la penson, la forton kaj la lumon ; plateno, plumbo, nikelo kaj fero, la plej utila el ĉiuj metaloj, el kiu ni fabrikas mil diversajn objektojn, de la plej delikataj kudriloj ĝis la plej grandegaj kaj potencaj maŝinoj.

QUESTIONNAIRE

1. Kion oni vidas en mineralgalerio? — 2. Kie troviĝas tiuj mineraloj? — 3. Kion oni devas fari, por ke la diamantoj fariĝu taŭge brilantaj? — 4. Nomu kelkajn aliajn multekostajn ŝtonojn. — 5. De kia koloro estas la smeraldo? — 6. Kion oni faras el tiuj ŝtonoj? — 7. Kion faras la orajisto? — 8. De kia koloro (aŭ : kiel kolora) estas la terkarbo? — 9. El kio ni eltiras la lumgason? — 10. Ĉu la terkarbo utilas nur por fabriki la lumgason? — 11. Kie oni trovas la minaĵojn? — 12. Nomu la plej uzatajn metalojn. — 13. Por kiu utilas la oro kaj arĝento? — 14. Kiu estas la plej utila el ĉiuj metaloj? — 15. Nomu kelkajn ferajn ilojn.

THÈME GÉNÉRAL

Le diamant est une pierre précieuse très rare ; c'est pourquoi il est si cher. L'orfèvre emploie l'or et l'argent ainsi que les pierres précieuses pour faire des objets de luxe et des objets de parure. Les fils qui sont employés pour le télégraphe et le téléphone sont en cuivre. Le plomb est plus lourd que le nickel. De tous les métaux le fer est le plus utile et le platine le plus dur. Il y a beaucoup de faux diamants, mais on les reconnaît facilement. Les métaux les plus précieux ne sont pas les plus utiles. Nous avons des monnaies en or, en argent et en nickel. Les monnaies d'or ne sont pas en or pur, parce que l'or pur s'use vite ; c'est pourquoi on y ajoute une certaine quantité de cuivre. Un proverbe dit qu'il faut qu'on batte le fer pendant qu'il est chaud. Quand le forgeron a chauffé le fer, il le bat et en fait toutes sortes d'instruments. Les métaux sont extraits des minerais qu'on trouve dans l'intérieur de la terre. Peu de mines sont aussi riches en charbon que celles de l'Angleterre.

Récapitulation générale.

Utileco de la kreskaĵoj kaj de la bestoj.

La kreskaĵoj, kiel la greno, la sekalo, la hordeo, la aveno, la rizo kaj la terpomo nutras la homon kaj la malsovaĝajn bestojn. La kanabo kaj la lino liveras la fadenon el kiu la teksisto teksas la tolon. La vinberujo donas la vinberon el kiu ni faras la vinon. Arbeto, la kotonujo, liveras la kotonon, kiun la ŝpinejoj kaj teksejoj aliigas en diversajn teksaĵojn. Arbetoj ankaŭ donas la teon kaj la kafon. Kelkaj kreskaĵoj donas kuracilojn por kuraci niajn malsanojn. Aliaj donas la spicojn, el kiuj la kuiristino spicas niajn manĝaĵojn, kaj aliaj ankoraŭ liveras diversajn kolorigilojn por la vestkolorigisto kaj la pentristo.

La arboj liveras la lignon ne nur por konstrui kaj hejti niajn domojn, sed ankoraŭ por fari niajn meblojn kaj multajn diversajn ilojn, kiuj estas ĉiuj tre utilaj. Kelkaj arboj donas krom tio siajn fruktojn, ekzemple : ĉerizon, abrikoton, persikon, prunon, piron, pomon, oranĝon, citronon ; aliaj donas la kaŭĉukon, la gutaperkon, la gumon, la terebinton kaj ŝelojn, kiujn ni uzas jen por fari matojn, tapiŝojn aŭ ŝnurojn, jen por tani la ledon. La korko, kiu estas tiel utila al ni, ne estas alio ol la ŝelo de arbo, kiu kreskas en la sudo de Francujo kaj en Alĝerio, kaj kiun oni nomas la korkokverko.

La bestoj estas tre utilaj al la homo. Tial la homo loĝigas multajn bestojn en sia domo. La hundo gardas la domon kaj la korton ; ĝi akompanaŝ la ĉasiston en la ĉaso kaj gardas la brutaron. La kato liberigas nin de la maloportunaj musoj. La ĉevalon oni uzas por veturi kaj rajdi, la bovon por plugi kaj la azenon por porti. La bovino donas lakton, buteron kaj fromaĝon. La ŝafo liveras la lanon por niaj vestoj ; la kokino kaj la anasino donas siajn ovojn, kaj el la lanugo de la ansero ni faras varmajn litojn.

Eĉ post sia morto la bestoj utilas-ankoraŭ al ni. Ilia viando servas al ni por nutrado. El la haŭto la tanisto faras ledon por ŝuoj, gantoj kaj ĉiuspecaj ledkomercaĵoj. El la haroj oni faras penikojn, brosojn kaj feltĉapelojn. La ostojn oni utiligas por multspecaj ĉizaĵoj kaj tornaĵoj, kaj plie por fabrikado de gluo kaj ostnigraĵo. El la kornoj oni faras butonojn, kombilojn, tenilojn por tranĉiloj kaj forketoj; el la graso oni fabrikas sapon kaj kandelon, kaj el la intestoj, kordojn por muzikiloj.

Plie, la dentoj de la elefantoj liveras al ni eburon, kaj el la feloj de la vulpoj, ursoj, zibeloj, hermenoj, kaj tiel plu, preparas la felisto felaĵojn. La struto kaj la paradizbirdo liveras plumojn por virinĉapeloj, kaj el la testudo ni ricevaŝ la testudaĵon aŭ testudan ŝelon. Ia molusko donas al ni la perlamoton kaj la perlojn por ornamaĵoj. Unu insekto, la abelo, havigas al ni mielon kaj vakson. Alia, la silkraŭpo, ŝpinas la multkostan silkon, kaj insektoj ankaŭ, koĉeniloj, donas al ni belan ruĝan tinkturon. Por koralo kaj spongoj ni dankas ankaŭ la bestojn.

QUESTIONNAIRE

1. Pri kio estas la temo en tiu ĉi legaĵo? — 2. Nomu kelkajn kreskaĵojn, kiuj nutras la homon. — 3. Kion liveras al ni la kanabo? — 4. Kiu alia kreskaĵo ankaŭ liveras al ni fadenon? — 5. Kion donas al ni la vinberujo? — 6. Kie oni aliigas la kotonon en teksaĵon? — 7. Kion donas al ni aliaj arbetoj? — 8. Por kio utilas la kuraciloj? — 9. Kion oni faras per la spicoj? — 10. Ĉu ne estas kreskaĵoj, kiuj liveras kolorilojn? — 11. Kion donas al ni la arboj? — 12. Nomu kelkajn arbofruktojn. — 13. El kio ni eltiras la kaŭĉukon kaj la gutaperkon? — 14. Kion oni faras el la ŝelo de kelkaj arboj? — 15. Per kio oni tanas la ledon? — 16. Kio estas la korko? — 17. Kie kreskas la arbo, kiu donas al ni la korkon? — 18. Ĉu la bestoj estas tre utilaj al la homo? — 19. Nomu bestojn, kiujn la homo loĝas en sia domo. — 20. Por kio utilas la hundo?... la kokino?... la ansero? — 21. Por kio oni uzas la ĉevalon?... la bovon?... la azenon? — 22. Ĉu la bestoj ne utilas al ni ankaŭ post la morto? — 23. Por kio utilas ilia viando? — 24. Kion ni faras el la haŭto?... el la haroj? — 25. Por kio ni uzas la ostojn? — 26. Kion oni faras el la kornoj?... el la graso?... el la intestoj? — 27. Kia besto donas al ni eburon? — 28. Kion oni preparas el la feloj de diversaj bestoj? — 29. Kion liveras la struto kaj la paradizbirdo? — 30. El kio ni ricevas la testudaĵon?... la perlamoton?... la valorajn perlojn? — 31. Kion havigas al ni la abelo?... la silkraŭpo? — 32. Kion donas al ni aliaj insektoj? — 33. Por kio ni dankas ankaŭ al la bestoj?

THÈME GÉNÉRAL

Le blé nous donne la farine avec laquelle le boulanger fait le pain. La pomme de terre fut apportée en France par Parmentier. En Amérique on cultive beaucoup de coton. Le cotonnier est un arbuste. Les arbres de notre jardin n'ont pas de fruits cette année. S'il avait plu plus longtemps, la récolte aurait été perdue. Nous mangeons le raisin de la vigne ou nous en faisons du vin. Les ouvriers des filatures et dés tissages font grève depuis deux mois. Autrefois les médecins n'ordonnaient que des médicaments provenant de plantes. Hier la cuisinière avait trop épicé les légumes. Les arbres sont très utiles : en été nous mangeons leurs fruits et en hiver nous chauffons nos maisons avec leur bois. Avec le liège on fait toutes sortes d'objets utiles. La térébenthine, la gomme, et le caoutchouc sont des produits qui proviennent de certains arbres. L'oranger et le citronnier, dont les fruits sont si succulents poussent dans le sud de la France. Chaque plante a son utilité propre. Le tanneur a besoin de l'écorce du chêne pour tanner les peaux.

L'homme a pris dans sa maison différents animaux parce qu'ils lui sont très utiles. Le chien qui garde la maison et les troupeaux, le chat qui attrape les souris, le cheval qui tire les voitures, la vache qui donne le lait et dont nous mangeons la viande, la poule qui donne les œufs sont des animaux domestiques. Nous faisons des lits avec les plumes des oies et des habits avec la laine des moutons. Les cordes des instruments de musique sont faites avec les boyaux de certains animaux. La colle, le noir animal et toutes sortes d'objets utiles sont faits avec des os. Les éléphants vivent en Afrique et en Asie ; ils ont deux énormes dents qui donnent l'ivoire. Certaines tortues vivent dans l'eau et d'autres sur la terre ; c'est elles qui nous donnent l'écaille dont nous faisons toutes sortes de choses. Dites-moi, je vous prie, d'où provient la nacre et les perles. Les abeilles sont très laborieuses. Au printemps, dès que le soleil a réveillé la nature et que les arbres et les plantes commencent à fleurir on les voit sortir de leurs ruches ; toute la journée elles volent d'une fleur à l'autre. Elles ne s'amusent pas, elles travaillent.

VOCABULAIRES

ESPERANTO-FRANÇAIS

PREMIÈRE LEÇON

Estas, présent de esti, être
inko, encre
inkujo, encrier
krajono, crayon
kreto, craie
liniilo, règle
materio, matière
meblo, meuble
objekto, objet
papero, papier
plumo, plume
plumingo, porte-plume
seĝo, chaise
sinjoro, monsieur
ŝtono, pierre
tablo, table
tio ĉi, ceci; — estas, voici.
vazo, vase.

DEUXIÈME LEÇON

Alta, haut
amiko, ami
bela, beau
blanka, blanc
blua, bleu
dika, gros, épais
dekstre, à droite
firma, solide
flava, jaune
granda, grand
kvadrata, carré
larĝa, large
longa, long
mola, mou
nigra, noir
nova, neuf, nouveau
peza, lourd
plata, plat
rekta, droit
ronda, rond
ruĝa, rouge
seka, sec
supre, en haut
tro, trop
utila, utile
verda, vert
violkolora, violet

TROISIÈME LEÇON

Ĉambro, chambre
devas, présent de devi, devoir
diafana, transparent
fenestro, fenêtre
griza, gris
hela, clair
kadro, cadre
muro, mur
plafono, plafond
planko, plancher
pordo, porte
pura, propre
seruro, serrure
skatolo, boîte
ŝlosilo, clef
spongo, éponge
tabulo, tableau
tie ĉi, ici
travidebla, transparent
vitraĵo, vitre
—
benko, banc
bildo, image
bone, bien
dekliva, en pente, incliné
elektra, electrique
fiksita, fixé
gasa, à gaz
kroĉita, accroché
lampo, lampe
landkarto, carte (géogr.)
lernanto, élève
lernejo, école
lumŝirmilo, abat-jour
parto, partie

QUATRIÈME LEÇON

Akcenti, accentuer
ankoraŭ, encore
antaŭlasta, avant-
  dernier
du, deux
doni, donner
dorso, dos
elparoli, prononcer
fari, faire
fermi, fermer
folii, feuilleter
folio, feuillet
forgesi, oublier
formi, former
frazo, phrase
havi, avoir
Henriko, Henri
instrui, instruire

instruisto, professeur
Karolo, Charles
katedro, chaire
kompreni, compren-
  dre
konsonanto, conson-
  ne
kvin, cinq
leciono, leçon
legi, lire
lerni, apprendre
libro, livre
linio, ligne
litero, lettre
meti, mettre
montri, montrer
multaj, plusieurs,
  beaucoup

numero, numéro
paĝo, page
paragrafo, paragra-
  phe
poste, ensuite
preni, prendre
saluti, saluer
silabi, épeler
silabo, syllabe
tasko, tâche, devoir
trançajo, tranche
tri, trois
tuta, entier, tout
  entier
unua, premier
vidi, voir
vokalo, voyelle
vorto, mot

CINQUIÈME LEÇON

Aŭdi, entendre
aŭskulti, écouter
Aŭstro, Autrichien
babili, bavarder
bezoni, avoir besoin
  de
bombono, bonbon
cigaredo, cigarette
cigaro, cigare
demando, question
desegni, dessiner
diri, dire
fingro, doigt
forskrapi, effacer
gumo, gomme
Hispano, Espagnol

Italo, Italien
kajero, cahier
kandelo, chandelle
klarigo, explication
kurso, cours, leçon
lango, langue
leciono, leçon (à ap-
  prendre)
mono, argent
  (monnaie)
najbaro, voisin
okulo, œil
orelo, oreille
ortilo, équerre
paperujo, serviette
paroli, parler

persiko, pêche
piro, poire
pipro, poivre
porti, porter
povi, pouvoir
precipe, surtout
progresi, progresser
pruno, prune
respondi, répondre
Ruso, Russe
sako, sac
skribi, écrire
sukero, sucre
supo, soupe
trançi, tailler
trançileto, canif

SIXIÈME LEÇON

Açeti, acheter
almeti, poser, adapter
aŭtoro, auteur
bastoneto, bâtonnet
bindi, relier
broŝuri, brocher

domo, maison
enhavi, contenir
eburo, ivoire
ekzemple, par exem-
  ple
eldoni, éditer

farita, fait
fero, fer
grafito, graphite
instruistino, maî-
  tresse
kartono, carton

klingo, lame
korno, corne
ledo, cuir
ligno, bois
magazeno, magasin
metalo, métal
modistino, modiste
perlamoto, nacre
plato, plat
pordhoko, gond

presi, imprimer
raboti, raboter
segi, scier
ŝelo, écorce, énve-
loppe
servantino (ou : serv-
istino), servante
servisto (ou : serv-
anto, serviteur
ŝlosi, fermer à clef

ŝtalo, acier
teni, tenir
tolo, toile
tranĉilfaristo. cou-
telier
vendi, vendre
vendistino, vendeuse
verki, composer
verkita, composé
vitro, verre

SEPTIÈME LEÇON

Alporti, apporter
ami, aimer
atenta, attentif
demandi, question-
ner
diligenta, appliqué
forestanta, absent
foresti, être absent
fratino, sœur
gratuli, féliciter
iri, aller
juna, jeune
kelkafoje, quelque-
fois
klarigi, expliquer
Klaŭdo, Claude
knabo, garçon
kontenta, content

kontraŭe, au contrai-
re
kredeble, probable-
ment (croyable-
ment)
kune, ensemble
kuraĝigi, encourager
kuzo, cousin
labori, travailler
laŭdi, louer
lernema, studieux
Ludoviko, Louis
Ludovikino, Louise
malsana, malade
mem, même (elle —)
morgaŭ, demain
nu, eh bien
ofte, souvent

pardoni, pardonner
peti, prier, demander
promesi, promettre
pruntedoni, prêter
puni, punir
rekompenci, récom-
penser
riproĉi, faire des
reproches
rigardi, regarder
scii, savoir
senkulpigi, excuser
senordema, désor-
donné
senzorgema, négli-
gent
voli, vouloir

HUITIÈME LEÇON

Admiri, admirer
akvumi, arroser
brodaĵo, broderie
daŭrigi, continuer
desegnaĵo, dessin
donaci, faire cadeau
dume, pendant ce
temps
feliĉa, heureux
fini, finir
gardeneto, jardinet

ĝardeno, jardin
interesa, intéressant
Johanino, Jeanne
ĵurnalo, journal
kanapo, canapé
knabo, garçon
kredi, croire
kulturi, cultiver
kuŝi, être couché, situé
lasi, laisser
ludi, jouer

orita, doré
patrino, mère
perdi, perdre
pinta, pointu
pli... ol, plus... que
promeni, se promener
preferi, préférer
pupo, poupée
trovi, trouver
vera, vrai ; ne vere?
n'est-ce-pas ?

NEUVIÈME LEÇON

Adiaŭ, adieu
akvo, eau
amike, amicalement
atendi, attendre
ĉapelo, chapeau
deziri, désirer
dimanĉo, dimanche
eliri, sortir
eniri, entrer
farti, se porter
fervojo, chemin de fer
foriri, partir
fraŭlino, mademoiselle
frue, tôt
ĝentila, poli
gepatroj, les parents
ĝis revido, au revoir
halti, s'arrêter

jam, déjà
kara, cher
kamarado, camarade
konata, connu
korto, cour
lavi, laver
levi, lever
mano, main
marŝi, marcher
multaj el, beaucoup (d'entre) de
okazi, avoir lieu, se produire
paŭzo, récréation
persono, personne
pli, plus
postmorgaŭ, après demain
pordisto, portier
rapide, rapidement

renkonti, rencontrer
resti, rester
semajno, semaine
sinjorino, madame
soifi, avoir soif
sonori, sonner
strato, rue
surmeti, mettre (sur)
tago, jour
trinki, boire
uzi, employer
veni, venir
vetero, temps
vico, rang
vino, vin
vojaĝi, voyager
vojo, chemin, route
zorgi, avoir soin de

DIXIÈME LEÇON

Alveni, arriver
atento, attention
atentigi, rendre attentif, attirer l'attention de
arbo, arbre
bandaĝi, bander
bani, baigner
bati, battre
boligi, faire bouillir
brilanta, brillant
brili, briller
briligi, rendre brillant, faire reluire
brosi, brosser
bruo, bruit
ĉasi, chasser
ĉagreni, chagriner
certigi, affirmer
ciri, cirer
ĉokolado, chocolat

deturni, détourner
devigi, obliger
dolori, faire mal
ekbruligi, allumer (feu)
eklumigi, allumer (lumière)
eligi, faire sortir, tirer de
elradikigi, déraciner
enkadrigi, encadrer
fajro, feu
fali, tomber
fanfaroni, faire le fanfaron, se vanter
finiĝi, finir, prendre fin
flugilo, aile
hieraŭ, hier
hejme(n), chez soi
ia, quelque, quelconque

je la dekunua, à 11 heures
je la sepa, à 7 heures
je la oka, à 8 heures
kamparo, campagne
kapo, tête
kokino, poule
kolerigi, mettre en colère
kontentigi, contenter, satisfaire
konduto, conduite
kunvenigi, réunir
lakto, lait
leporo, lièvre
liniigi, régler
mantelo, manteau
manĝo, repas
mateno, matin
Maŭrico, Maurice
minaci, menacer

mortigi, tuer
pasigi, passer (le temps)
patro, père
pendigi, pendre
penso, pensée
piedo, pied
pintigi, rendre pointu, tailler
plenigi, remplir

plimallongigi, raccourcir
pluvo, pluie
precizigi, préciser
pretigi, préparer
portreto, portrait
puŝi, pousser
reveno, retour
sub, sous
suno, soleil

ŝuo, soulier
timigi, effrayer
veki, réveiller
vento, vent
vesto, habit
vestŝranko, garde-robe
vindi, bander

ONZIÈME LEÇON

Brako, bras
dikti, dicter
direkti, diriger
forlasi, quitter
forviŝi, effacer
hodiaŭ, aujourd'hui
horo, heure
kelkaj, quelques

krucigi, croiser
letero, lettre
movo, mouvement
nomo, nom
Parizo, Paris
onklo, oncle
Paŭlo, Paul
Roberto, Robert

sendi, envoyer
sidi, être assis
sidigi, asseoir ; **sin —**, s'asseoir
turni, tourner
viziti, visiter, aller voir
voki, appeler

DOUZIÈME LEÇON

Ano, membre (de)
ambaŭ, tous deux
avo, grand-père
azeno, âne
baldaŭ, bientôt
baptopatro, parrain
birdo, oiseau
bovo, bœuf
ĉeesti, assister
ĉevalo, cheval
edzo, mari
edzigita, marié
edziĝofesto, noce
espero, espoir
familio, famille

filo, fils
frato, frère
funebri, être en deuil
hundo, chien
infano, enfant
jaro, année
kato, chat
kapro, chèvre
koko, coq
kompatinda, digne de pitié, pauvre
kuracisto, médecin
lasta, dernier
longe, longtemps
morti, mourir

mortinta, mort
muso, souris
nepo, petit-fils
nevo, neveu
orfo, orphelin
parenca, parent,
patra, paternel
plu, plus
prakuzo, arrière-cousin
tuj, aussitôt
vidvo, veuf
vivi, vivre
zorganto, tuteur

TREIZIÈME LEÇON

Aldoni, ajouter
alfabeto, alphabet
buŝo, bouche
ĉio, tout
centimo, centime
deko, dizaine
duoble, deux fois

duono, demi, moitié
homo, homme (être humain)
kalkuli, calculer, compter
kiom, combien

k. t. p., kaj tiel plu, etcœtera
nombro, nombre
sento, sens
tiel, ainsi
unue, premièrement
unuo, unité

QUATORZIÈME LEÇON

Aĝo, âge
angla, anglais
centjaro, siècle
ĉiukvarjare, tous les
    quatre ans
duonjaro, semestre
dato, date
divido, division
funto, livre (poids)
jarcento, siècle
kafo, café

kalendaro, calendrier
kiam, quand, lorsque
kilogramo, kilogram-
    me
komenci, commencer
kvaronjaro, trimestre
laŭ, selon, pour
lingvo, langue (par-
    lée)
monato, mois
naskiĝi, naître

nomiĝi, se nommer
nomita, nommé
proksima, prochain
se, si
sezono, saison
sola, seul
superjaro, année
    bissextile
tempo, temps
veturi, aller (en
    voiture)

QUINZIÈME LEÇON

Alkroĉita, accroché
arĝento, argent (mé-
    tal)
bronzo, bronze
ĉeno, chaîne
cifero, chiffre
ciferplato, cadran
diversa, divers
donaco, cadeau
floro, fleur
frukto, fruit
fulmo, éclair,
    foudre
funkcii, fonctionner,
    marcher
ĝuste, exactement
horloĝo, horloge

inter, entre
kameno, cheminée
konsisti, consister
legomo, légume
malrapidi, retarder
marko, marque
maŝino, machine
mezuri, mesurer
minuto, minute
momento, moment
montrilo, aiguille
nazo, nez
oleo, huile
oro, or
pomo, pomme
poŝo, poche
poŝto, poste

reguligi, régler
sekundo, seconde
sonorilejo, clocher
speco, espèce
streĉi, tendre, re-
    monter
telero, assiette
tiu, kiu, celui qui
trorapidi, avancer
tualeto, toilette
tubo, tube
tuko, linge
turo, tour
vaporo, vapeur
viŝi, essuyer
vespero, soir

SEIZIÈME LEÇON

Aperi, paraître
bondeziro, bon sou-
    hait
ĉielo, ciel
ĉiuspeca, de toute
    espèce
ekheliĝi } commencer
ektagiĝi } à faire jour
enhavata, contenu
enlitiĝi, se mettre au
    lit, se coucher

festa, férié
festo, fête
fino, fin
fleksi, plier
franca, français
komenco, commen-
    cement
kovri, couvrir
Kristnasko, Noël
laca, las, fatigué
lume, clair
luno, lune

manĝi, manger
mezo, milieu
movi, mouvoir
nacia, national
neniam, jamais
nokto, nuit
noktiĝi, faire nuit
noktomeze, minuit
nomi, nommer
novjaro, nouvel an
pasiĝi, se passer
Pasko, Pâques

Pentekosto, Pentecôte
posttagmezo, l'après-midi
printempo, printemps
renversi, renverser

riĉa, riche
ricevi, recevoir
rompi, rompre
stari, se tenir (debout)
stelo, étoile
subiri, se coucher
tagiĝi, faire jour

tagmanĝi, déjeuner
tagmezo, midi
tute, tout à fait
vekiĝi, s'éveiller
vespermanĝi, dîner
vizito, visite

DIX-SEPTIÈME LEÇON

Aero, air
amuza, amusant
arbaro, forêt
aŭtuno, automne
bulo, boule
daŭri, durer
ekvarmigi, réchauffer
fariĝi, se faire
fine, enfin
fojno, foin
gaja, gai
glacio, glace
glitkuri, patiner
glitveturi, aller en traîneau
greno, blé
herbejo, prairie

hometo, bonhomme
kampo, champ
kanti, chanter
komenciĝi, commencer
konstrui, construire
malfacila, difficile
malplena, vide
malvarmeto, fraîcheur
marbordo, bord de la mer
maturigi, faire mûrir
montaro, montagnes
naturo, nature
neĝo, neige
nesto, nid

nudigita, dénudé
peniga, pénible
plezuro, plaisir
prezenti, présenter
radio, rayon
ree, de nouveau
reverdiĝi, reverdir
rigidigita, raidi
rikolti, récolter
ripozi, reposer
senhoma, désert
silenta, silencieux
simple, simplement
tamen, cependant
tero, terre
urbano, citadin

DIX-HUITIÈME LEÇON

Akompanata, accompagné
barometro, baromètre
belega, joli
bruego, fracas
eĉ, même
ekblovi, commencer à souffler
ekdormi, s'endormir
eksploregi, éclater en sanglots
ekridegi, éclater de rire
ekrideti, sourire
ekventego, commencement de la tempête

ekverdiĝi, commencer à verdir
ekveki, éveiller
ekvidi, apercevoir
festeneto, dînette
floko, flocon
flui, couler
frostiĝi, geler
fulmotondro, orage
glaciiĝi, se glacer
glitvetero, verglas
hajli, grêler
hajlo, grêle
herbo, herbe
kanono, canon
klimato, climat
kovriĝi, se couvrir
lageto, mare

lando, pays
leono, lion
malagrabla, désagréable
malkonstanta, inconstant
mezeŭropa, de l'Europe centrale
milda, doux
nebula, brumeux
nebulo, brouillard
neĝi, neiger
nubo, nuage
pafilego, canon
palaco, palais
pluvegi, pleuvoir à verse
pluvo, pluie

pluvglacio, verglas
prujno, givre
rivereto, ruisseau
rivero, rivière
sama, même
ŝanĝema, changeant
ŝanĝiĝi, changer
ŝanĝo, changement
serena, serein
soldato, soldat

ŝtonego, rocher
temperaturo, tempé-
    rature
termometro, thermo-
    mètre
timata, craint
timi, craindre
tondro, tonnerre
torente, à torrents
trairi, traverser

trunketo, tige
ungego, griffes
urbeto, petite ville
varma, chaud
varmgrado, degré de
    chaleur
ventege, en tempête
vesti, vêtir
vualigi, voiler

DIX-NEUVIÈME LEÇON

Aljeti, lancer, darder
alveninta, arrivé
blovi, souffler
bukligi, boucler
demeti, ôter
dispeli, dissiper
droniĝi, noyer, faire
    sombrer
envolvigi, envelopper
forŝiri, arracher
furioza, furieux

gliti, glisser
kaŝita, caché
konkuri, concourir
kontraŭstari, résister
mildeco, douceur
nenio, rien
pligrandiĝi, grandir
preteriranta, passant
provi, essayer, tenter
radio, rayon
rajdanto, cavalier

ŝipo, bateau, navire
sukcesi, réussir
ŝultro, épaule
supereco, supério-
    rité
tegmento, toit
vane, en vain
veti, parier
vidaĵo, vue, spectacle
violenco, violence
vojaĝanto, voyàgeur

VINGTIÈME LEÇON

Afero, chose, affaire
akvotubo, tuyau d'eau
algluigi, coller
antaŭĉambro, anti-
    chambre
aranĝi, arranger
ardeza, en ardoise
arĥitekturisto, ar-
    chitecte   [de
balustrado, balustra-
banejo, salle de bain
bonvolu, veuillez
briko, brique
butono, bouton
ĉarpento, charpente
cigarejo, débit de
    cigares
ĉu ne vere, n'est-ce-
    pas
defluilo, gouttière

devigata, obligé
dormoĉambro, cham-
    bre-à-coucher
elektro, électricité
etaĝo, étage
fenestrokovrilo, volet
forĝita, forgé
fundamento, fonde-
    ment.
gaso, gaz
iam, un jour
ĵus, dernièrement
kalko, chaux
kajuto, cabane, hutte
karbo, charbon
kastelo, château
kaverno, caverne
kelo, cave
kolorigita, colorié
konservi, conserver

konstruado, construc-
    tion.
kreskaĵo, plante
kuirejo, cuisine
lerta, habile
lifto, ascenseur
loĝi, demeurer
loĝio, loge
loki, placer
lui, louer (de)
luigita, loué (à)
luprezo, loyer
malsanulo, malade
    (le)
mansardo, mansarde
metita, mis-
moderna, moderne
montrafenestro, fe-
    nêtre d'étalage
necesejo, cabinets

palmo, palmier
pentri, peindre
plumbisto, plombier
promenado, promenade
promenejo, promenade
rigliło, verrou
sablo, sable
salono, salon

sekvi, suivre
starigi, dresser, établir
ŝtuparo, escalier
subtegmenta, qui est sous le toit.
suda, du sud
supreniri, monter
tapetisto, tapissier
tegi, couvrir

tegolo, tuile
teretaĝo, rez-de-chaussée
trabaĵo, charpente
transloĝi, déménager
turni, tourner
varmejo, serre
vasta, vaste
vertikala, verticale
veturilo, voiture

VINGT-ET-UNIÈME LEÇON

Agrabla, agréable
alkrii, crier
angulo, angle
apetito, appétit
bezono, besoin
datreveno, anniversaire
densa, épais
dormi, dormir
fajenco, faïence
flanke de, à côté de
foliaro, feuillage
fonto, source
forno, fourneau
Francujo, France
ĝui, jouir de
hejti, chauffer

helrozkolora, rose clair
karto, carte
kuri, courir
librobreto, tablette à livres
lito, lit
litro, litre
malfeliĉeto, désagrément
malsano, maladie
manĝaĵo, nourriture
metro, mètre
najbaro, voisin
naskotago, jour de naissance
okazo, occasion
plaĉo, gré, guise

piedtapiŝo, descente de lit
ponto, pont
portreto, portrait
provizo, provision
ŝakalfelo, peau de chacal
spegulo, miroir
ŝranko, armoire
tiom, autant, tant
tualettablo, table de toilette
varmo, chaleur
vekhorloĝo, réveil-matin
vilaĝano, villageois
volo, volonté

VINGT-DEUXIÈME LEÇON

Abelo, Abel
Aleksandro, Alexandre
barbo, barbe
blankaĵo, blanc (le)
blonda, blond
brovo, sourcil
bruna, brun
cerbo, cerveau
cirkaŭi, entourer
Dario, Darius
dento, dent
diferenco, différence

fandi, fondre
festi, fêter, célébrer
flago, drapeau
flavruĝa, fauve
fondi, fonder, établir
formo, forme
fraŭlo, jeune homme
fronto, front
fundo, fond
gorĝo, gorge
haro, cheveu
haŭto, peau
homa, humain

iriso, iris
Kajeno, Caïn
kano, roseau
karno, chair
kaŝtankolora, châtain
kesto, boîte
koloro, couleur
koni, connaître
korbo, panier
korpo, corps
kranio, crâne
kurba, courbe

lago, lac
lipharoj, moustaches
lipo, lèvre
membro, membre
mentono, menton
muskolo, muscle
naztruo, narine
nervo, nerf
okulharoj, cils
ornami, orner, parer
osta, osseux
osto, os

ovala, ovale
ovo, œuf
palato, palais
pentraĵo, peinture, tableau
posedanto, possesseur, propriétaire
protekti, protéger
pupilo, pupille
Romo, Rome
Romulo, Romulus
ŝirmi, abriter
spirito, esprit

superverŝi, inonder, baigner
supra, supérieur
temo, thème ; estas —, il est question
trunko, tronc
utili, servir à
vango, joue
venkita, vaincu
viro, homme
vizaĝo, visage
vualo, voile

VINGT-TROISIÈME LEÇON

Antaŭajo, le devant
antaŭe, par devant
arterio, artère
brusto, poitrine
ĉifono, chiffon
danci, danser
ebligi, rendre possible
femuro, cuisse
flanko, côté
fleksi, plier
frizisto, coiffeur
generalo, général (le)
genuo, genou
hepato, foie
intesto, intestin
kalkano, talon (du pied)
kokso, hanche
kolo, cou

kombisto, coiffeur
koro, cœur
kruro, jambe
kubuto, coude
kuglo, balle (de fusil)
kunigi, unir, relier
maljunulo, vieillard
nomiĝi, se nommer
nuko, nuque
paŝi, faire des pas, marcher
pafi, tirer (avec une arme à feu)
parolado, discours
paralizito, paralytique
piedfingro, doigt du pied
postaĵo, derrière
prepari, préparer
pulmo, poumon

ripo, côte
rondiri, circuler
salti, sauter
sango, sang
sendi, envôyer
skapolo, omoplate
stomako, estomac
subventro, bas-ventre
surgenuiĝi, s'age-noui ler
suro, mollet
talio, taille
tibikarno, mollet
tondi, tondre
trunko, tronc
ungo, ongle
uzi, employer
vejno, veine
zono, ceinture

VINGT-QUATRIÈME LEÇON

Afabla, afable
atento, attention
babilado, bavardage
Berlino, Berlin
citi, citer
dektrijara, âgé de treize ans

deteni, retenir
eco, qualité
eldiri, dire, prononcer
eraro, erreur
estiminda estimable
facilmova, agile
forta, fort

fortika, solide, robuste
gazetisto, journaliste
gimnastiko, gymnastique
grimpi, grimper
homaro, humanité
honorinda, honorable

inviti, inviter
kapreolo, chevreuil
kompleza, complaisant, obligeant
konduti, se conduire
laboro, travail
malbonaĵo, défaut

mallaŭdinda, blâmable
malvirto, vice
neĝentila, impoli
nenia, aucun, nul
obeema, obéissant
puninda, punissable

reĝo, roi
riproĉinda, blâmable
sufiĉe, suffisamment, assez
traduki, traduire
vizitkarto, carte de visite

VINGT-CINQUIÈME LEÇON

Aĉetanto, acheteur
atendadi, attendre longtemps.
aŭdado, ouïe
aŭskultinda, digne d'être écouté
balbuti, bégayer
blinda, aveugle
eksilenti, se taire
fajro, feu
flarado, odorat
flari, flairer, sentir
formanta, formant
gaso, gaz
gustumado, goût
gustumi, goûter
kuradi, courir
kuraĝigi, encourager
kvalito, qualité
malmiopulo, presbyte

malproksimvida, presbyte
miopulo, miope
muta, muet
muziko, musique
neebla, impossible
okupi, occuper
odoro, odeur
okulvitroj, lunettes
organo, organe
pafado, fusillade
palpado, toucher
palpi, palper, toucher
pentrado, peinture, action de peindre
plori, pleurer
progresado, progrès
promenanto, promeneur
pronunci, prononcer

ripetado, répétition
rideti, sourire
rozo, rose
senti, sentir
senĉesa, incessant
sidadi, rester assis
silentadi, conserver le silence
sonoro, tintement
spiri, respirer
surda, sourd
taŭgi, être bon pour
terni, éternuer
tiktako, tic-tac
tuŝi, toucher
tute ne, pas du tout
unuokula, borgne
vido, vue
voĉo, voix

VINGT-SIXIÈME LEÇON

Abrikoto, abricot
alie, autrement
anaso, canard
ansero, oie
antaŭ ol iri, avant d'aller
apude, à côté
artiŝoko, artichaud
aranĝi, arranger, mettre (la table)
asparago, asperge
avelo, noisette
bovidaĵo, veau (viande)

bovaĵo, bœuf (viande)
brasiko, chou
brutaro, troupeau
butero, beurre
ĉasaĵo, gibier
ĉefa, principal
ĉerizo, cerise
fabeto, petite fève
fazeolo, haricot
figo, figue
fiŝo, poisson
florbrasiko, choufleur
forketo, fourchette

frago, fraise
frambo, framboise
fromaĝo, fromage
frukto, fruit
groso, groseille à maquereau
karoto, carotte
klientaro, clientèle
kompoto, compote
konfitaĵo, confiture
konservaĵo, conserves
kortbirdo, volaille
kruda, cru
kuirita, cuit

kulero, cuiller
laŭkutime, selon la coutume
lakto, lait
laŭte, fort, à haute voix
lento, lentille
liveri, livrer, fournir
malsata, affamé
malsati, avoir faim
manĝilaro, couvert
meleagro, dindon
melono, melon
migdalo, amande
mustardo, moutarde

napo, navet
nukso, noix
nutraĵo, nourriture
okazi, arriver, avoir lieu
ovaĵo, omelette
pano, pain
pizo, pois
pretigi, apprêter
rakonti, raconter
ribo, groseille
rosti, rôtir
ŝafaĵo, mouton (viande)
ŝinko, jambon

ŝiparo, flotte
sobra, sobre
soifo, soif
spico, épice
spici, épicer
spinaco, épinard
ŝtupo, degré, marche
tablotuko, nappe
terpomo, pomme de terre
viando, viande
vinagro, vinaigre
vinbero, raisin

VINGT-SEPTIÈME LEÇON

Alimaniere, autrement
amuzi, amuser
anstataŭ, au lieu de
balo, bal
barbo, barbe
birdkorto, basse-cour
bovstalo, étable
ĉie, partout
ĉiu ajn, n'importe qui
deklivo, pente
festeno, festin
florĝardeno, jardin à fleurs
fruktoĝardeno, verger

frapi, frapper
garbejo, grange
ĝojo, joie
herbetaro, gazon
interŝanĝi, échanger
kortego, cour (de roi)
kvankam, quoique, puisque
legomĝardeno, potager
malkaŝemo, franchise
mastro, maître
memorigi, rappeler
mieno, mine, extérieur

monteto, colline
najbaraĵo, voisinage
ombrita, ombragé
opero, opéra
pajlo, paille
parko, parc
peco, morceau
pendi, pendre
plivolonte, plus volontiers
ŝati, aimer (priser)
simpla, simple
unue alvenanto, le premier venu
vilaĝo, village

VINGT-HUITIÈME LEÇON

Botelo, bouteille
certe, certainement
danki, remercier
fleksebla, souple
fojo, fois
franko, franc
gastigisto, hôtelier
gasto, hôte
grandiĝi, grandir
hotelisto, hôtelier

kalkulo, note, addition
kelnero, garçon
kliento, client
komisaro, commissaire
konigi, faire connaître
meriti, mériter
petolulo, farceur
polica, de police

princo, prince
regulo, règle
ŝafrostaĵo, rôti de mouton
sendube, sans doute
ŝuldi, devoir, être redevable
urso, ours
vilaĝeto, hameau
vivanta, vivant

VINGT-NEUVIÈME LEÇON

Alkohola, spiritueux
barelo, baril, tonneau
biervendisto, cafetier
bierfaristo, brasseur
brando, eau-de-vie
ĉampano, Champagne (vin)
difekti, endommager, abîmer
ekzemplo, exemple
krizantemo, chrisanthème
kakao, cacao
kaliko, calice
karafo, carafe
konjako, cognac
kruĉo, cruche
kvietigi, apaiser
Londono, Londres
minerala, minéral
ordinara, ordinaire
pomvino, cidre
rumo, rhum
ŝaŭmanta, mousseux
siropo, sirop
teo, thé
trinkaĵo, boisson
vinisto, marchand de vin
viskio, whisky

TRENTIÈME LEÇON

Arĝenta, en argent
besto, animal
boto, botte
braceleto, bracelet
butonumi, boutonner
ĉapo, casquette
ĉemizo, chemise
ĉirkaŭkolo, collier
diamanto, diamant
elefanto, éléphant
estimi, estimer
fadeno, fil
felta, de feutre
ganto, gant
gemo, pierre précieuse
ĝenerale, généralement
gladi, repasser
jaketo, jaquette
jako, veste
jupo, jupe
juvelo, bijou, joyau
kamelo, chameau
katuno, cotonnade
kolumo, faux-col
kravato, cravate
kudri, coudre
kutime, habituellement
lado, tôle, fer-blanc
lano, laine
mufo, manchon
orelringo, boucle d'oreilles
ornamaĵo, parure
pantalono, pantalon
pantoflo, pantoufle
paŝo, pas
pelta, en fourrure
perlo, perle
pinglo, épingle
plaĉi, plaire
punto, dentelle
redingoto, redingote
ringo, bague
robo, robe
rubando, ruban
ŝelko, bretelle
silko, soie
ŝtofo, étoffe
ŝtrumpligilo, jarretière
ŝtrumpo, bas
subjupo, jupon
supervesto, pardessus
surtuto, pardessus
tajloro, tailleur
tolo, toile
tondilo, ciseaux
veluro, velours
vestigi, vêtir
veŝto, gilet

TRENTE-ET-UNIÈME LEÇON

Banti, nouer
bonulo, brave homme
brosi, brosser
broso, brosse
defali, tomber
demeti, ôter
dentakvo, eau dentifrice
Dio, Dieu
elsalti, sauter hors de
eltrinki, boire tout, vider
etendi, étendre
firmigi, fixer
froti, frotter
gargari, gargariser
kombi, peigner
leviĝo, (le) lever

ligi, lier
manviŝilo, essuie-mains
naztuko, mouchoir
nominativo, nominatif
oscedi, bailler
pelveto, cuvette
postuli, exiger
prepozicio, préposition
profunde, profondément
pulvero, poudre
purigi, nettoyer
silento, silence
subite, subitement
surprizi, surprendre
tremi, trembler
trempi, tremper
ungobroso, brosse à ongles
vekigi, réveiller
verŝi, verser
veŝtpoŝo, poche de gilet
zorge, soigneusement

TRENTE-DEUXIÈME LEÇON

Alproksimiĝi, s'approcher
ambicia, ambitieux
angino, angine
antaŭa, antérieur
apoteko, pharmacie
aŭskulti, ausculter
avara, avare
bronkito, bronchite
cikado, cigale
danĝera, dangereux
doloro, douleur
egalulo, (l')égal
ekleziulo, ecclésiastique
ekzameni, examiner
ekzistado, existence
febro, fièvre
forĝi, forger
fremda, étranger
ftizo, phtisie
ĝemi, gémir
gripo, grippe
homamulo, philanthrope
homevitulo, misanthrope
influenco, influenza
Jakobo, Jacques
komunikebla, contagieux
krimo, crime
malsaĝa, sot
malsaneta, indisposé
malvigla, abattu
maniulo, maniaque
morbilo, rougeole
nazkataro, rhume de cerveau
ordoni, ordonner
penadi, s'efforcer
petoli, faire des espiègleries, s'amuser
pilolo, pilule
posta, ultérieur
pulso, pouls
rajto, droit, raison
recepto, ordonnance
reĝi, régner
regule, régulièrement
resaniĝi, revenir à la santé
restarigi, rétablir
riprezenti, représenter
samo, même chose
sano, santé
skarlatino, scarlatine
strabi, loucher
strabulo, (un) louche
trankvila, tranquille
trankviligi, tranquilliser
tusi, tousser
variolo, variole
vigla, alerte

TRENTE-TROISIÈME LEÇON

Apudmare, sur le bord de la mer, maritime
asfalto, asphalte
aŭtoritato, autorité
balai, balayer
ĉefurbo, capitale
dividi, diviser
fabrikejo, fabrique
flamigi, enflammer
flanko, aile (bâtim.)
fontano, fontaine
gaslaterno, réverbère
Germano, Allemand
grupo, groupe
haveno, port
Hamburgo, Hambourg
industria, industriel
insulo, île
komerca, commercial
komerco, commerce
kvartalo, quartier
Leipzigo, Leipzig
loĝanto, habitant
lumigi, éclairer
male, contrairement
malsaĝajo, sottise

maro, mer
monumento, monument
pavimi, paver
pavimo, pavé
partio, parti

piediranto, piéton
rezervi, réserver
sepetaĝa, de sept étages
ŝoseo, chaussée
ŝtatestro, chef d'Etat

statuo, statue
strato, rue
supera, supérieur
trotuaro, trottoir
tuŝiĝi, se toucher
urbo, ville

TRENTE-QUATRIÈME LEÇON

Akra, aigu
almozo, aumône
almozpeti, mendier
almozulo, mendiant
altaĵo, hauteur
amatoro, amateur
apenaŭ, à peine
aplaŭdi, applaudir
arkaĵo, arche
brui, faire du bruit
direkti, diriger
ekmarŝi, commencer à marcher
ekvidi, apercevoir
endigi, endiguer
enŝipigejo, embarcadère
enspezkolektisto, encaisseur

ferdeko, pont (bateau)
forto, force
gazeto, gazette
gvidi, guider
haltadi, stationner
hundo, chien
insigno, armoiries
kajo, quai
kolonego, pilier
komercaĵo, marchandise
koto, boue
kruciĝi, se croiser
lavŝipo, bateau-lavoir
mallaŭdi, blâmer
malproksime, loin
memori, se rappeler
naĝejo, école de natation

paketo, paquet
parapeto, parapet
pasi, passer
platŝipo, bateau plat
policano, agent de police
preteriranto, passant
priskribo, description
rimarki, remarquer
ŝarĝi, charger
ŝarĝveturilo, camion
sciigo, renseignement
serpenti, serpenter
surskribo, écriteau
trans, au-delà
treni, traîner, remorquer
veturanto, voyageur
vojisto, cantonnier

TRENTE-CINQUIÈME LEÇON

Ago, acte
arbostrato, avenue
belega, superbe
bonega, excellent
buĉisto, boucher
bulvardo, boulevard
butiko, boutique
cedi, céder
drapo, drap
efektive, effectivement
elmeti, étaler
fadenisto, mercier
fervore, avec zèle
fumi, fumer

gusto, goût
halo, halle
honoro, honneur
Islando, Islande
kandelo, chandelle, bougie
karbisto, charbonnier
kolor(il)vendisto, marchand de couleurs
kreski, croître
kudromaŝino, machine à coudre
kukisto, pâtissier
ladvendisto, quincailler

lukso, luxe
manki, manquer
montrofenestro, vitrine
najlo, clou
pago, paiement
panisto, boulanger
pasteĉeto, petit pâté
pekulo, pécheur
posedi, posséder
porkaĵisto, charcutier
profeto, prophète
propra, propre (propriété)
rapidi, se hâter

rikolto, récolte
salo, sel
semo, semence
silenti, se taire

sorto, sort
tolaĵo, linge
vestpurigisto, tein-
turier

vivo, vie
vivplena, animé

TRENTE-SIXIÈME LEÇON

Advokato, avocat
aktoro, acteur
alveturi, amené
antikva, ancien
aprobi, approuver
arta, d'art, artistique
atestanto, témoin
ĉefpreĝejo, cathé-
drale
defendi, défendre
difino, destination
deklami, déclamer
diskuti, discuter
ekspozicii, exposer
flegi, soigner
gimnazio, gymnase
juĝejo, tribunal
juĝo, jugement
kaŝi, cacher

kondamni, condam-
ner
konsilantaro, conseil
konstruaĵo, édifice
kraki, craquer
kuko, gâteau
kulpa, coupable
kunveni, se réunir
kurioza, curieux
(chose)
liceo, lycée
lupo, loup
mensogi, mentir
muzeo, musée
neĉeesto, absence
nutrado, nourriture
opinio, opinion
pastro, prêtre, pasteur
pledo, plaidoyer

poŝtejo, bureau de
poste
preĝejo, église
prezido, présidence
publika, public
religia, religieux
rolo, rôle
rompiĝi, se rompre
scenejo, scène
senkulpa, innocent
servado, service
soldato, soldat
speciala, spécial
stacidomo, gare
sterni, étendre à
terre, faire son lit
teatro, théâtre
urbestro, maire
vagono, vagon

TRENTE-SEPTIÈME LEÇON

Adreso, adresse
adresloko, lieu de
destination
afranki, affranchir
aldone, additionnele-
ment
algluigi, coller
alvenigi, faire arriver
aerostato, aérostat
armilo, arme
bukedo, bouquet
deflugi, voler
deklari, déclarer
depeŝo, dépêche
disigi, séparer
deŝiri, cueillir

disflugi, s'envoler de
tous côtés
disĵeti, éparpiller
disŝiri, déchirer
disspecigi, trier
disŝuti, saupoudrer
disverŝi, renverser
ekspedi, expédier
forflugi, s'envoler
forkuri, s'enfuir
garantii, garantir
koverto, enveloppe
malfeliĉo, malheur
malgraŭ, malgré
malplenigi, vider
mirinda, merveilleux

morto, mort
neatente, pr mégarde
ordigi, mettre en ordre
peceto, petit morceau
poŝtmarko, timbre-
poste
presaĵo, imprimé
preterpasi, côtoyer
senĉese, sans cesse
stampi, estampiller
sufiĉi, suffire
supertaksi, surtaxer
transporta pago, port
urĝa, urgent
valoro, valeur
voko, appel

TRENTE-HUITIÈME LEÇON

Amase, en foule
arbohakisto, bûcheron
barko, barque
boatisto, batelier
brano, son
brutaro, bestiaux
draŝi, battre (le blé)
ekstera, extérieur
esperi, espérer
ezoko, brochet
fakto, fait
falĉi, faucher
faruno, farine
fendi, fendre
fiŝkapti, pêcher

garbo, gerbe
garbaro, meule
garbejo, grange
gobio, goujon
hokfadeno, ligne
interna, interne
ĵeti, jeter
kapti, attraper
karpo, carpe
kuŝiĝado, couchage, litière
mastro, maître
matura, mûr
membranhava, palmé
mueli, moudre
naĝi, nager

nomfesto, fête patronymique
nutrado, nourriture
ombrelo, parapluie
ordono, ordre, prescription
orflava, jaune d'or
panbakisto, boulanger
pejzaĝo, paysage
plendi, se plaindre
remilo, rame
reto, filet
sekiĝi, (se) sécher
turniĝo, tournant
trunketo, tige

TRENTE-NEUVIÈME LEÇON

Bloko, bloc
brilega, étincelant
delikata, délicat, fin
distili, distiller
eltiri, tirer
enfiksi, enchâsser
fadenigi, réduire en fil, laminer
galerio, galerie
gudro, goudron
kaldrono, chaudron
koloriga, colorant

koralo, corail
kuirforno, fourneau de cuisine
kupro, cuivre
lokomotivo, locomotive
luksaĵo, objet de luxe
lumgaso, gaz d'éclairage
lumo, lumière
maŝino, machine
minaĵo, minerai

nikelo, nickel
oraĵisto, orfèvre
plateno, platine
plumbo, plomb
poluri, polir
potenca, puissant
rubeno, rubis
smeraldo, émeraude
terkarbo, charbon de terre
turkiso, turquoise
uzata, usité

QUARANTIÈME LEÇON

Abelo, abeille
Alĝerio, l'Algérie
aliigi, transformer
alio, autre chose
aveno, avoine
citrono, citron
ĉizaĵo, objet ciselé
danki, devoir, être reconnaissant de
felaĵo, fourrure

felisto, fourreur
felo, peau
gardi, garder
gluo, colle
grado, degré
gutaperko, gutta-percha
havigi, procurer
hermeno, hermine
hordeo, orge

insekto, insecte
kanabo, chanvre
kaŭĉuko, caoutchouc
koĉenilo, cochenille
kordo, corde
korko, liège
kuraci, guérir
kverko, chêne
lanugo, duvet
ledo, cuir

liberigi, débarrasser
lino, lin
malsovaĝa, domestique, apprivoisé
maloportuna, incommode
mato, natte, paillasson
mielo, miel
molusko, mollusque
multkosta, précieux
muzikilo, instrument de musique
nutri, nourrir

oranĝo, orange
ostnigraĵo, noir animal
paradizo, paradis
peniko, pinceau
plugi, labourer
rajdi, aller à cheval
rizo, riz
ŝafo, mouton
sekalo, seigle
silkraŭpo, ver-à-soie
ŝnuro, ficelle
ŝpini, filer

struto, autruche
sudo, sud
tani, tanner
teksi, tisser
terebinto, térébenthine
testudo, tortue
tornaĵo, objet fait au tour
tinkturo, teinture
utiligi, utiliser
vakso, cire
zibelo, zibeline

FRANÇAIS-ESPERANTO

A, por (*dans le sens de pour*)
abeille, abelo
absent, forestanta
accentuer, plilaŭtigi
accepter, akcepti
acheter, aĉeti
accroché, kroĉita
accrocher, kroĉi
admirable, mirinda
âgé, grandaĝa
agréable, agrabla
aiguille, kudrilo
aimable, afabla
aimer, ami
aller, iri ; (*suivi d'un infinitif :* tuj... *et le futur*)
alors, tiam
amer, maldolĉa
ami, amiko
amitié, amikeco
amusant, amuza
(s')amuser, petoli, amuziĝi
an, année, jaro
Angleterre, Anglujo
anniversaire, datreveno
annoncer, anonci
appartement, loĝejo
appeler (*nommer*), nomi
apporter, alporti
apprendre, lerni ; (*enseigner*) instrui ; (*informer*) sciigi
après, post
arbre, arbo
argent (*métal*), arĝento ; (*monnaie*), mono
armoire, ŝranko

arrivé, alveninta
arrivée, alveno
arriver, alveni
artère, arterio
(s')asseoir, sidiĝi, sin sidigi
assez, sufiĉe
assis, sidanta
attendre, atendi
attention, atento
aujourd'hui, hodiaŭ
auprès de, apud
aussi, ankaŭ
aussi (*si, tellement*) ...que, tiel...kiel
aussitôt, tuj
autant; tiom (*de*, da ; *que*, kiom)
automne, aŭtuno
autre, alia
avant, antaŭ
avant-dernier, antaŭlasta
avec (*en compagnie de*), kun ; (*au moyen de*), per
avoir, havi
(y) avoir, esti
avril, aprilo

Banc, benko
baromètre, barometro
barbe, barbo
bas, ŝtrumpo
battre, bati
bavardage, babilado
beau, bela
beaucoup, multe (de, multe da, multaj)
besoin (**avoir**), bezoni (de, *accusatif*)
bestiaux, brutoj

beurre, butero
bien, bone
bientôt, baldaŭ
biere, biero
bissextile, superjara
blanc, blanka
blancheur, blankeco
blanchir, blanke lavi
blesser, vundi
bleu, blua
bœuf, bovo
boire, trinki
bois (**du**), ligno
boisson, trinkaĵo
boîte, kesto, skatolo
bon, bona
bonne (**la**), servantino
bord, rando
bouche, buŝo
boucher, viandisto
boulanger, panisto
bras, brako
brave, kuraĝa
briller, brili
bronze, bronzo

Cabinet de toilette, tualetejo
cabinet de travail, skribĉambro
cacao, kakao
cacher, kaŝi
cadeau, donaco
café, kafo
cahier, kajero
calendrier, kalendaro
camarade, kamarado
canif, tranĉileto
carte (*géogr.*), landkarto
(à) cause (de), pro
cave, kelo
ce, cet, tiu

ceci, tio ĉi
cela, tio
célébrer, festi
centime, centimo
cerveau, cerbo
c'est-à-dire, tio estas
chaise, seĝo
chambre, ĉambro
  (à coucher), dormo-
  ĉambro
champagne (le),
  ĉampano
chant, kanto
chanter, kanti
chapeau, ĉapelo
chapitre, ĉapitro
chaque, ĉiu
charbon, karbo
Charles, Karolo
charpente, trabaro
château, kastelo
chaud, varma
cheminée, kameno
cher, kara
chercher, serĉi
chez (*sans mouve-*
  ment), ĉe ; *avec*
  mouvement), al
chien, hundo
Christophe, Kristo-
  foro
cidre, pomvino
cinq, kvin
circuler, rondiri,
  cirkuli
classe, klaso
clé, ŝlosilo
client, kliento
clientèle, klientaro
cloche, sonorilo
combien de, kiom da
comme (*de même que*),
  kiel ; (*puisque*), ĉar
comment, kiel
comprendre, kom-
  preni
concierge, pordisto
conduire, konduki
connaître, koni
conserver, konservi
consister en, kon-
  sisti el

contenir, enhavi
content, kontenta
corde, ŝnuro
corriger, korekti
côté, flanko
(à) côté (de), apud,
  flanke de
(se) coucher, kuŝiĝi,
  enlitiĝi
coudre, kudri
coupe, kaliko
cour, korto
courir, kuri
cours, kurso
court, mallonga
cousin, kuzo
couteau, tranĉilo
coûter, kosti
couturière, kudristino
couvrir, tegi, kovri
craie, kreto
crâne, kranio
crayon, krajono
croire, kredi
cuisine, kuirejo
cuisinier, kuiristo

Danger, danĝero
dans, en ; (*après*), post
de, de ; (*hors de*) el ;
  (*au sujet de*), pri ;
  (*depuis*), de ; (*après*
  un nom de quan-
  tité), da
découvrir, eltrovi
défunt, mortinta
(au) delà (de), trans
demain, morgaŭ
demander (*inter-*
  roger), demandi ;
  (si, ĉu)
demeurer, loĝi
demi, demie, duono
dernier, lasta
derrière, post, mal-
  antaŭ
désirer, deziri
désobéissant, mal-
  obeema
(se) dessécher, sekiĝi
dessiner, desegni
(au) dessus (de), super

deux, du
  (tous deux, les
  deux, ambaŭ)
deuxième, dua
devant, antaŭ
devoir (un), tasko
devoir (*je dois*), devi
dicter, dikti
dimanche, dimanĉo
diminuer, malpli-
  grandiĝi
dîner, vespermanĝi
dire, diri
digne de, inda je
distribué, dividita
doigt, fingro
domestique (le, la),
  servisto, servistino
donner, doni ; (*un*
  cadeau), donaci
dormir, dormi
douzaine, dekduo
drap, drapo
droit, -te, rekta
dur, malmola
durer, daŭri

Eau, akvo
eau-de-vie, brando
éclair, fulmo
éclairer, lumigi al
école, lernejo
écouter, aŭskulti
écrire, skribi
effacer (*avec une*
  éponge), forviŝi ;
  (*avec une gomme*),
  forskrapi
église, preĝejo
électricité, elektro
électrique, elektra
élève, lernanto, lern-
  ulo
emporter, forporti
en (*dans*), en ; (*avec*
  matière), el ; (*de*
  cela), pri tio, da tio
encre, inko
encrier, inkujo
(s')endormir, ek-
  dormi
enfant, infano

(s') enfuir, forkuri
enseigner quelque chose à quelqu'un, instrui ion al iu, *ou*: iun pri io.
entendre, aŭdi
enterrer, enterigi
entrer, eniri
entretenir, subteni
envers, al, kontraŭ
environ, ĉirkaŭ
épargner, indulgi
éponge, spongo
escalier, ŝtuparo
espérer, esperi
essaim, abelaro
est-ce que? ĉu?
étage, etaĝo
(à deux étages, du-etaĝa)
été, somero
étoile, stelo
être, esti
étroit, mallarĝa
étudier, lerni, studi
expliquer, klarigi
(en) face (de), kontraŭe de
faiblement, malforte
(avoir) faim, malsati
faire, fari ; *(en parlant du temps)*, esti
famille, familio
farceur, petolulo
féliciter, gratuli
femme, virino
fenêtre, fenestro
fermer, fermi
feu, fajro
février, februaro
fiancé, fianĉigita
fil, fadeno
fille, filino
fils, filo
fin, fino
finir, fini
fleur, floro
foi (digne de), kred-inda
fourmi, formiko
fourmilière, formik-aro

frais, freŝa
franc (le), franko
frère, frato
froid, malvarma
(le —, malvarmo)
fromage, fromaĝo
fruit, frukto

Garçon, knabo
garde-robe, vesto-ŝranko
gens, homoj
gomme, gumo
goûter, gustumi
grand, granda
grand-père, avo
grand'mère, avino
grêler, hajli
gronder, riproĉi
gros, dika
groupe, grupo

Habiter, loĝi
haut, alta
hésiter, ŝanceliĝi, heziti
heure, horo
(de bonne heure, frue)
heureux, feliĉa
heureusement, feliĉe
hier, hieraŭ
hiver, vintro
homme, homo
humide, malseka
hutte, kajuto, sovaĝ-dometo

Image, bildo
incertain, ŝanĝema
informer (de), sciigi pri
inscrire, enskribi
(un) instant, mo-mento
instructif, instrua
instruire, instrui
intéressant, interesa
interroger, demandi
inutile, senutila
inviter, inviti
Italie, Italujo
ivoire, eburo

(Ne...) Jamais, ne-niam
jambe, kruro
jardin, ĝardeno
jardinet, ĝardeneto
je, moi, mi
jeudi, ĵaŭdo
jeune, juna
jeunesse, juneco
joue, vango
jouer, ludi
jour, tago
juger (de), juĝi pri
juillet, julio
jusqu'à, ĝis

Laid, malbela
laisser, lasi
lampe, lampo
langue *(de la bouche)*, lango ; *(que l'on parle)*, lingvo
large, larĝa
laver, lavi
leçon, leciono
lecture, legado
légume, legomo
lettre, letero
leur, ilia, sia
lever, levi
(se) lever, leviĝi
lèvre, lipo
libraire, libristo
ligne, linio
lire, legi
livre, libro
long, longa
louer *(éloge)*, laŭdi
Louis, Ludoviko
lune, luno

Magasin, magazeno
main, mano
maintenant, nun
maison, domo; **(à la maison**, hejme)
maître, instruisto
malgré, malgraŭ
malheureux, mal-feliĉa
manche (le), tenilo
manteau, mantelo

11

marché, vendejo
marié, edzigita
maternel, patrina
matière, materio
matin, mateno
mauvais, malbona
même, mem
(le) même, sama
même (si), eĉ se
menton, mentono
menuisier, lignaĵisto
mer, maro
mercredi, merkredo
mètre, metro
mettre, meti
mettre la table, aran-
  ĝi la tablon
(se) mettre (à), ko-
  menci, ek...
meuble, meblo
meute, hundaro
midi, tagmezo
mien, mia
mieux, plibone
millier, milo
minuit, noktomezo
modeste, modesta
modiste, modistino
moins, malpli
mois, monato
monde, mondo
monsieur, sinjoro
montagne, monto
monter, supreniri
montrer, montri
morceau, peco
mordre, mordi
mort (le), mortinta
mort (la), morto
mot, vorto
mou, mola
mourir, morti
mouton, ŝafo
mur, muro

Naissance, naskiĝo
naître, naskiĝi
ne, ne... pas, ne
négligence, sen-
  zorgemeco
neige, neĝo
neuf, -ve, nova

neveu, nevo
nez, nazo
ni, nek
nièce, nevino
noir, nigra
nombreux, multa
non, ne
nord, nordo
nourrissant, nutra
nouveau, nova
nuage, nubo
nuit, nokto

Objet, objekto
obscurité, mallumo
occupation, okupo
œil, okulo
oisiveté, senlaboreco,
  senokupeco
oncle, onklo
ongle, ungo
orage, fulmotondro
ordonner, ordoni
oreille, orelo
os, osto
où, kie
oublier, forgesi
oui, jes
outil, ilo
outre, krom
ouvrir, malfermi

Page, paĝo
pain, pano
panier, korbo
papetier, paperisto
papier, papero
Pâques, Pasko
par (à travers), tra ;
  (au moyen de) per ;
  (après un verbe pas-
  sif) de
parapluie, pluvŝirm-
  ilo
parent, parenco ; (le
  père et la mère, ge-
  patroj)
parler, paroli
parrain, baptopatro
partie, parto
partir, foriri
paternel, patra

patiner, glitkuri
pauvre, kompatinda
payer, pagi
pêche, persiko
pendant, dum
pendre, pendigi
pendu, pendigita
pendule, pendolo
penser, pensi
pentecôte, Pente
  kosto
perdre, perdi
personne (une), per
  sono
petit, malgranda
petit-fils, nepo
peu de, malmulte da ;
  peu de chose, mal-
  multo ; un peu, iom ;
  peu à peu, iom post
  iom
peur, timo
phrase, frazo
pièce de monnaie,
  monero
pied, piedo
pierre (la), ŝtono
Pierre, Petro
plafond, plafono
(se) plaindre, plendi
plaire, plaĉi
plaisir, plezuro
planche, tabulo
pleuvoir, pluvi
pluie, pluvo
plume, plumo
plus de, pli da
(le) plus, plej
(ne...) plus, ne... plu
pomme, pomo
porte, pordo
porte-monnaie, mon
  ujo
porte-plume, plum
  ingo
porter, porti
(se) porter, farti
poumon, pulmo
pour, por ; (direction
  vers) al
pourquoi, kial
pousser, puŝi

poutre, trabo
pouvoir, povi
prairie, herbejo
préférer, pliami, preferi
premier, unua
prendre, preni
presque, preskaŭ
prêter, pruntedoni
prier (*Dieu*), preĝi ; (*quelqu'un*), peti
printemps, printempo
professeur, profesoro
profondeur, profundeco
progrès, progreso
progresser, progresi
(se) promener, promeni
(se) propager, disvastiĝi
propre, (*propreté*), pura ; (*propriété*), propra.
protéger, protekti
proverbe, proverbo
prune, pruno
prunier, prunujo
punir, puni
pur, pura

Quand, kiam
quart, kvarono
quart d'heure, kvaronhoro
que, ke ; (*lequel*) kiun, kiujn ; **que de**, kiom da
qu'est-ce que, kio estas
quel, kia
question, demando
questionnaire, demandaro
qui, kiu, kiuj
quitter, forlasi
quoique, kvankam

Rabot, rabotilo
raboter, raboti

(avoir) raison, esti prava
(à) raison (de), po
rapidement, rapide
rayon, radio
recevoir, ricevi
récompenser, rekompenci
regarder, rigardi
règle, liniilo
régner, reĝi
relieur, bindisto
remercier, danki
remuer, movi
rencontrer, renkonti
répondre, respondi
respirer, spiri
rester, resti
retourner, reiri
réunir, kunigi
réveiller, veki
revenir, reveni
rez-de-chaussée, teretaĝo
riche, riĉa
rien, nenio
rivière, rivero
robe, robo
rond, ronda
rôti, rostaĵo
rouge, ruĝa

Sac, sako
sage, bonkonduta
sain, saniga
salle, ĉambrego
salle à manger, mangoĉambro
salle de bain, banejo
salon, salono
sang, sango
sans, sen
sauter, salti
sauver, savi
savoir, scii
savon, sapo
scie, segilo
scier, segi
sec, seka
seconde, sekundo
semaine, semajno
serein, serena

série, serio
serrure, seruro
serrurier, seruristo
servante, servantino
serviette (*en cuir*), paperujo
servir à, servi por, utili por
seul, sola
seulement, nur
si, se
si (*interrogatif*). ĉu
sien, lia, ŝia, ĝia, sia
sœur, fratino
(avoir) soif, soifi
soir, vespero
soit...soit, ĉu...ĉu
soleil, suno
son, lia, ŝia, ĝia, sia
sortir, eliri
souffler, blovi
souper, vespermanĝi
sous, sub
souvent, ofte
squelette, ostaro
studieux, lernema
(se) succéder, sin sekvi
sucre, sukéro
sucrier, sukerujo
Suisse (*le*), Sviso ; (*la*), Svisujo
suivant, sekvanta
supérieur, supera
sur, sur
syllabe, silabo

Table, tablo
tableau (*noir*). tabulo
tailler, tondi
tant de, tiom da
tant que, dum
tant...que, tiom...ke
tant mieux, des pli bone
tante, onklino
tantôt..., jen
tard, malfrue
tasse, taso
temps (*qu'il fait*), vetero
tête, kapo

toit, tegmento
tomber, fali
tonnerre, tondro
(à) torrents, torente
tôt, frue, baldaŭ
toujours, ĉiam
tout le, ĉiu
tout (*entier*), tuta
tout ce qui, ĉio, kio
tout ce que, ĉio(n),
　kion
(du) tout, tute
train, vagonaro
travailler, labori
(à) travers, tra
traverser, trairi
très, tre
trois, tri
troupeau, brutaro
trouver, trovi
tuile, tegolo

un (*quand on compte*),
　unu ; *quand on ne
　compte pas, ne se
　traduit pas*
unique, sola
utile, utila
vacances, libertempo
variable, ŝanĝema
vaste, vasta
veau, bovido
veine, vejno
vendre, vendi
venir, veni
venir de, ĵus...
vent, vento
verre (*à vitre*), vitro ;
　(*à boire*), glaso
vers (*lieu*), al ;
　(*temps*), ĉirkaŭ
vert, verda
vêtement, vesto

vêtir, vesti
vêtu, vestita
vice, malvirto
vieillard, maljunulo
vieillesse, maljuneco
vieux, maljuna
vilain, malbela
vin, vino
vingt, dudek
violet, violkolora
vitrier, vitraĵisto
vivre, vivi
voici, voilà, jen
voir, vidi
voisin, najbaro
votre, vôtre, via
vouloir, voli, deziri
voyage, vojaĝo
wagon, vagono

TABLE DES MATIÈRES

KOLEKTO ESPERANTA

Advokato Patelin, unuakta komedio de Brueys et Palaprat, tradukita de J. Evrot.
    Unu volumo in-16 .... Fr. » 75

Cikado ĉe Formikoj, el Labiche kaj Legouvé, unuakta komedio.
    Unu volumo, in-16 .... — » 60

Ĉu li? romano originale verkita de D-ro Vallienne.
    Unu volumo in-16 .... — 4 »

Diversaĵoj, rakontoj trad. de S-roj Lallemant kaj Beau.
    Unu volumo in-16 .... — 1 25

Don Juan, kvinakta komedio de Molière, trad. E. Boirac.
    Unu volumo in-16 .... — 1 50

Elektitaj Fabeloj de Fratoj Grimm. trad. de D-ro Kabe.
    Unu volumo in-16 .... — 1 80

Elektitaj Fabloj de La Fontaine, trad. de G. Vaillant.
    Unu volumo in-16 .... — » 75

Eneido, de Virgilio, kantoj I-XII, tradukitaj de D-ro Vallienne.
    Unu volumo in-16 .... — 3 »

Esperantaj Prozaĵoj, de diversaj aŭtoroj.
    Unu volumo in-16 .... — 2 50

Inter Blinduloj, de D-ro Javal, trad. S-ino Javal.
    Unu volumo in-16 .... — 2 »

Internacia Krestomatio, elektis kaj tradukis D-ro Kabe.
    Unu volumo in-16 .... — 1 50

Kastelo de Prelongo, romano originale verkita de D-ro Vallienne.
    Unu volumo in-16 .... — 4 »

Kondukanto de l'interparolado kaj korespondado, kun aldonita Antologio Internacia, de A. Grabowski.
    Unu volumo in-16 .... — 2 »

Kurso tutmonda, de E. Gasse.
    Unu volumo in-16 .... — » 75

La Avarulo, kvinakta komedio de Molière, tradukita de Meyer.
    Unu volumo in-16 .... — » 75

La Fundo de l'Mizero, romano do SIEROŜEWSKI (Vaclav), tradukita de KABE.
    Unu volumo in-16 .... — » 75

La interrompita kanto, romano de ORZESKO, trad. de KABE.
    Unu volumo in-16 .... — » 75

La Kolorigisto Aerveturanto, gaja rakonto, de GODINEAU.
    Unu volumo in-16 .... — » 30

La kvar Evangelioj, kunigitaj en unu rakonto, de Pastro LAISNEY.
    Unu volumo in-16 .... — 1 50

La nevo kiel onklo, triakta komedio de SCHILLER, tradukita de STEWART.
    Unu volumo in-16 .... — 1 »

Lernolibro de Esperanta Stenografio, de F. SCHNEEBERGER
    Unu volumo in-16 .... 1 »

Paĝoj el la Flandra Literaturo, tradukitaj de D-ro SEYNAEVE kaj D-ro VAN MELCKEBEKE.
    Unu volumo in-16 .... — 1 50

Pola Antologio, elektita kaj tradukita de KABE.
    Unu volumo in-16 .... — 2 »

Poŝlibro internacia por aferistoj, turistoj, k. c., de NORMAN.
    Unu volumo in-16 .... — 2 »

Pri unu speco de kurbaj linioj, de Prof. A. DOMBROVSKI.
    Unu volumo in-16 .... — » 60

Rakontoj pri Feinoj, de PERRAULT (Ch.), tradukitaj de S-ino SARPY.
    Unu volumo in-16 .... — 1 »

Sub la neĝo, taglibro de juna loĝanto de la Jura montaro, de J. J. PORCHAT.
    Unu volumo in-16, 144-paĝa .... — 1 25

Tri unuaktaj komedioj, de A. v. KOTZEBÚE, T. WILLIAMS S-ino M. HANKEL.
    Unu volumo in-16, 96-paĝa .... — 1 »

Unua legolibro, de KABE.
    Unu volumo in-16 .... — 1 00

Verkaro, libro I-a, de DEVJATNIN.
    Unu volumo in-16 .... — 2 »

Vojaĝo interne de mia ĉambro, de MAISTRE, trad. S. MEYER.
    Unu volumo in-16 ....